認知模型╳思考訓練╳案例實戰，來場從大腦開啟的冒險！

思考，
就像上健身房

亞洲冒險式培訓先驅 **吳兆田**博士——著

U0040795

嚴謹的思考能力，讓你成為贏家

何飛鵬（城邦媒體集團首席執行長）

　　無論生活還是工作，我們每天都會遇到各式各樣複雜的情境，聽到別人說的話或報紙上的新聞，要去判斷它的真偽；遇到一個棘手的問題，要去思考癥結在哪裡、該如何下手解決，這些，都需要思考。

　　數十年的新聞工作訓練，讓我成為一個善於思考的人，從批判性地針對紛亂的新聞訊息，釐清哪些是可信的資訊，勾勒整個事件的輪廓；再到分析性地從正反不同的角度反覆辯證，選擇對新聞事件的觀察角度，並延伸出屬於自己的獨立觀點，這些運作過程的背後，都是一連串嚴謹的思考訓練。

　　學會思考，才能讓自己想得深、想得透、想得遠，並

且做出最精準的判斷與抉擇。然而，如果沒有一套完善的方法進行整理與收斂，常常會陷於以為自己有想法、也會做判斷，但那大多是來自不嚴謹的直覺、禁不起一再的追問，缺乏合理的推理檢驗，最後當然也就一無所獲。

越練越透徹，越練越清明的大腦

兆田老師這本新書《思考，就像上健身房》，就是一套完善、易懂、適合所有人整理和收斂的思考方法。

兆田老師在商周CEO學院擔任「逆境領導」及「經營三學」引導教練，協助企業領袖面對創業、成長、轉型、接班過程中會遭遇的難題與逆境，並帶領企業持續成長，這些過程都需要一連串的思考、質疑、提問、解答與辯證。熱愛戶外運動的他，除了攀岩、登山與慢跑之外，也經常上健身房進行體能訓練，他發現，鍛鍊思考和鍛鍊肌肉之間，竟然有著極高的相似性！

他認為，肌肉與思考的訓練，都必須以具體的目標成

果為前提，列出並選擇適當的訓練項目，有計畫、有紀律地安排訓練，才能累積與練成。聽到這個想法時我非常興奮，因為這可以說是對思考最佳的比喻，兩者都是越練越透徹，越練越清明。

全書總共分成四個章節：

第一章先敘述思考的重要性，它除了幫助人們改善績效成果，突破思維與工作慣性，還能反思自己或團隊存在的意義與價值。

第二章談到思考的運作邏輯，大腦的直覺反應常常造成不完美的決策，我們該如何培養後設認知能力，擁有超越本能反應的思維品質。

第三章談到思考的慣性，我們習慣的形成都是經過神經元的不斷重組與連結，其中有些沉睡的神經元，是可以經由訓練被「喚醒」的，而整張神經電網越活躍，腦力的潛能也就更能發揮。

第四章談到思考訓練的三個階段與三個步驟，還有培養後設認知的幾個訣竅，讓我們在面對問題的時候，有了

可以不斷自我檢驗與加強的檢核清單。

第五章結合了兆田老師的專業，舉出了許多職場上會面對的困境，像是公司內部意見相左時該怎麼辦？想要提高產能該用什麼方法？他實際演練了一個複雜的問題，如何經由看問題五層次、關鍵對話ABC等工具，逐步推演出結論的過程，堪稱非常實用。

有想法，不等於懂思考；會思考，也必須持續鍛鍊，才不會用進廢退。我從小就習慣在腦中自問自答，工作後也經常在議題的兩面都建立自己的論述，每次被主管問到對某個議題的意見，都強迫自己一定要說出個所以然，這種訓練，現在成為我畢生最重要的學習利器。思考既然如此重要，兆田老師這本好書，絕對會是你成為贏家的最佳助手！

練出思考肌力，更明智地面對所有挑戰

邱光隆（三商家購股份有限公司總經理）

2019年，我們公司正面臨一項艱鉅的挑戰——置換ERP系統。因新舊兩系統的邏輯概念差異甚大，造成外部系統導入顧問和公司各部門間，難以有效梳理出彼此的異同，繁雜與無效的會議，更讓改革動機與實務背離，各單位開始放棄溝通，持續使用過去的思維模式，高聳豎立的穀倉效應浮現，最終導致系統轉換失敗，造成公司深陷無法運用系統的嚴峻窘況。

這番挫折促使我們深刻反省，為了突破這個困境，我們尋求了兆田老師的幫助，他從打破思考慣性開始，引導團隊突破習慣領域，找出當責的執行力，透過反思和啟

發，喚醒了團隊內在的潛能。藉此，我們成立了第一個CoE（Center of Excellence）小組，透過多方深入溝通、分析和對話，積極探討關鍵問題，不斷地腦力激盪擴大共識，重新繪製出系統置換的工作藍圖，終於達成當初設定的數位轉型第一個里程碑。

在課程結束後，負責教育訓練的夥伴們攜手學員，共同將課堂所學轉化成各個部門的教育課程，並當責成為內部講師，教學相長一同打造一個不斷發展的學習型組織。隔年，我們再次和兆田合作，在策略研討會上，我們顛覆了過去的目標設定模式。主管們共同繪製公司畫布，制定願景、使命和價值主張，並對應建立了平衡計分卡。這種做法不僅打破了過去單向的思維模式，也成功地畫出了我們的第一份策略地圖，讓公司全員得以按圖索驥，隨時確認每個部門相互間的職責與任務，至今我們每年仍持續更新關鍵指標，以與時俱進。

兆田的新作《思考，就像上健身房》融合歷史、文化和科技，讓我們深入體會「思考」的力量與應用。這本書不僅是

技巧學習，更是對心靈的啟迪。它也是對心智成長的重要啟示，帶領你進入深層的思考境界，逐步提升你的思考維度。

兆田應用豐富的歷史背景和文化觀察，以及多年的教學經驗，生動地呈現了思維能力的演變及其對人類的影響。他也要求我們不斷努力超越本能，提高思維品質，使我們在面對挑戰時更加明智和富有洞察力。

透過這本書，你可以再次追隨他的腳步，就像去健身房般接受指導，透過神經可塑性和大腦運作原理的重新連結和重組，我們一步步跟隨教練，避免盲目地鍛鍊，先掌握訣竅，再進行刻意練習，打破思維框架，逐漸達成提高思考能力的成果。

總之，《思考，就像上健身房》將思維視為一種超越技術的能力。這本書不僅給讀者帶來靈感，也為個人成長和商業成功帶來寶貴的見解，是一場關於思考的探索之旅，值得每一個渴望加深思維能力的人仔細閱讀和體會，期待大家都能在上完這堂兆田老師的思考健身房課程後，練出思考的肌力。

透過學習和思考，成為新造的人

陳炫彬（Allxon 奧暢雲董事長、前友達光電副董事長兼執行長）

　　我很榮幸有機會先欣賞兆田的這本新書，畢竟思考是一個很嚴肅又不容易量化的議題，尤其是大家都在追求的「批判性思考」。但是，好消息來了！這本書告訴你，從運動的角度來「思考」吧！

　　你有沒有經常運動？健行、爬山、走路、有氧運動、進健身房、參加半馬或全馬、羽球、網球等等，不一而足。

　　你有沒有經常思考？不論你是現代的上班族或退休族，思考都是一種自我定位和成長的必要過程，更是所謂的競爭力來源，也就是所有人對自己工作和生活品質的自我要求。

　　當ChatGPT鋪天蓋地席捲全球，大家的工作機會飽受AI的威脅，身體健康也逐步退化，老年人更會擔心失智、

失能，其實這些現象都是有解方的！那就是運動和思考同時並進，這是一種經濟實惠、兩全其美的方法！

人類的大腦是典型的用進廢退，身體機能缺乏運動也將急速退化，這是普世皆知的事實，大腦的神經元猶如身體的肌肉和骨骼一樣重要，我們該如何兼顧呢？

思考和健身運動其實是互相包容的一種身心靈的操練，是彼此互相利用、配合的自然機制。大腦的功能包括記憶、解決問題、語言和空間思維、情感，甚至負責控制身體的活動，這些運動的現象只是沒有外顯出來而已，當我們感到思考停滯的時候，表示大腦累了，需要休息一陣子了。身體在運動的時候，心肺功能、全身的肌肉也會彼此連結，中樞神經發揮最佳作用，同時也會告訴我們什麼時候累了、該休息一陣子了。本書將這兩個「運動」結合起來，再輔以結構性的思考邏輯、機制，形塑出系統性的框架，目的就是讓讀者們在讀的時候，不斷努力做「思考運動」！

接著，書中提到如何有效解決問題的方法。我們都是群體裡面的一份子，任何時候都必須跟工作夥伴或家人溝

通交流、協調分工，方能成事。既然是在群體裡面，自然會形成競爭或合作的關係，尤其是在一個由人構成的有機組織裡面，將會面臨非常巨大的挑戰和壓力，任務、資源、時間、溝通是有限的，面臨的問題卻不斷地發生，我們該怎麼辦呢？

我提出三個重要的字詞：熱情（Passion）、執行（Execution）和紀律（Discipline），用一句話表達就是「透過紀律，從熱情開始實際執行！」（From passion to execution by discipline!）各位可以仔細觀察優秀球隊裡面的每一位球員，都必須同時具備這三個特質，團隊合作的精神是一流球隊的重中之重，教練（coach）就扮演著重要角色，同意嗎？這些都離不開思考、運動和策略的方法。

我們經常不自覺陷入三分鐘熱度的陷阱，年底要檢討成果的時候卻一事無成，於是「原子習慣」的概念橫空出世，成為我們克服三分鐘熱度的解方。其實，循序漸進的健身運動，就是原子習慣的化身！

多年前，我為了參加台北市九公里的慢跑活動，花三

個月準備，以61分4秒的時間完成任務！我先從健身房的跑步機開始，練習10分鐘、30分鐘，速度有快有慢；然後去新竹的寶山第二水庫練習兩次，有上坡、下坡，進行一趟近10公里的實境訓練，然後帶來一個意想不到的副作用：我的肌力改善了，睡眠品質更佳，自律神經保持穩定，運動成為一種習慣，持續至今！

最後，成長心態（growth mindset）是作者整部書的核心，它提供讀者思考和執行力的發電機，更是我們大腦的重要關鍵功能。我是基督徒，我幾乎每一天都用聖經裡的真理鼓勵、提醒自己：「你要保守你心，勝過保守一切，因為一生的果效是由心發出。」（箴言4:23）我希望藉著信仰的力量，每天都是新造的人！努力學習和思考的人，每天都會是新造的人！

這是一本參考書、工具書，經常翻一翻書頁，你將會成為新造的人！祝福讀者們，更要恭喜兆田，將他一生精彩的旅程分享給我們大家！

思維決定行為，行為決定習慣，習慣決定性格，性格決定命運

賴志達（良興股份有限公司總經理）

　　2017年9月21日，我參與了商周三天的逆境領導課，兆田老師作為三天課程的引導教練，進而結下共學成長的緣分。

　　三天課程裡，先是震撼而後反思，最終成為領導的底蘊與養分。我從小愛好吸收新知，然學海無涯、各有千秋，心想著，如何能讓身邊的好友、同事，能與我一樣幸運，得到這份學習的禮物。我開始介紹許多朋友、專業經理人、創業者加入共學的行列，更是讓公司部門主管與同仁參與兆田老師的幹訓班課程，也帶領公司團隊有了第一次攀樹體驗學習。

疫情期間，受兆田老師邀約，參與由他組織而成的「博雅讀書會」，讀了許多哲學相關的書籍，更啟發我對於人生的省思，在哲學的領域中不斷翻新自我思維，衝破慣性窠臼，擴大自我認知邊界，感受知識的力量。

在這本書中，兆田老師歸納了「文明」一詞，誠如大家所看到，東西方的幾百年間，因為知識理論建構的差異與書中所提及之「六大殺手級利器」，讓東西方之發展有了懸殊的差異；同時，本書也讓我們從哲學的角度，看到了「思考」的本質、益處，以及對大腦運作方式的理解，最終展開為書中所提及之推論階梯、後設認知等理論如何影響大腦決策，包括：如何跳出思維框架提升思維品質？系統一與系統二的運作為何？不同系統間的交叉運作，如何讓你做出最正確與最具效率的決策？

本書運用簡單的觀念「思考，就像上健身房」，深入淺出地帶領大家，用行為改變的五個訣竅「有目標、有動機、有提示、容易做、有甜頭」，來讓各位讀者養成深刻思考的習慣，並從許多成功的企業案例，讓讀者如入無

人之境，深刻了解習慣領域：績效表現（P）＝習慣行為（H）×意圖動機（D）—抑制性自我干擾（I），從習慣行為中慣性的改變，進而創造卓越的績效。

在這個多元快速變化的環境中，公司的領導者每天都要面臨著無數大大小小的決策，就像書中所提，用腦是很消耗卡路里的，而清晰且優質的思考，是幫公司建立好策略的重要關鍵。相信這本書可以幫助領導者，重新建構與打造一個好的思路，最終為自己及企業做出好決策。

讓你突破慣性、不斷進步的高效參考書

蘇蕙蘭（三商家購股份有限公司人資長）

　　我很幸運第一份工作在中國生產力中心（CPC）時，便大量接觸體驗、協同學習的培育形式，不僅見證這種教學法的成效，也從中得到啟發，並學會自我管理與實踐，這對我日後的職涯發展帶來不小助益。因此當我在企業中被賦予人才培訓發展職責時，不論是內部講師養成或是委外培訓規劃，都堅定相信採用此種教學方法，對員工培訓有莫大助益。

　　2009年透過企業HR朋友引薦，認識了兆田老師，並邀請他擔任公司店長研習的引導教練，從此展開了長達15年良師益友的情誼，現在我已經不尊稱兆田老師了，而是像

老朋友般直呼名字，但是我心裡還是很尊敬他那持續不斷精進的毅力，及工作上展現的專業高度。

除了邀請兆田來公司幫同事上課，我個人也經常參加他舉辦的研習營，在一場名為「十個促進改變的引導作為」的工作坊中，參加者多是企業資深內部講師或體驗教育單位的引導教練，兆田不斷提醒大家：「體驗教育的引導理論與技巧練習，最重要的是藉由習後反思，找出自己想要的目標及達成目標過程需要改變的具體行為有哪些，因為身為一個培訓引導員，最重要的核心價值就是協助改變別人之前，請先改變你自己，同時先在自己的工作或生活場域中實踐你認同的知識與技巧，你才能成為一位真正的引導者。」

我完全認同這個重要提醒，如果有人問：「幫內部同仁上課比較難，還是幫外部單位人員上課比較難？」可能有些人會說外部單位較難，因為外部學員的反應難預測，挑戰性較高；但我個人經驗則是幫內部同仁上課比較難，因為你所教導的觀念、態度、行為準則，在組織裡會不斷

被檢驗，你是教你知道的，還是教你做得到的，將會為團隊、為你自己，帶來很不一樣的結果。

兆田一直都在實踐引導教練最重要的核心價值，他不斷將自己努力研習的善知識落實於個人生活習慣、工作團隊與家庭成員互動中，也幫助很多企業提升團隊職能，這本《思考，就像上健身房》其實就是他實踐善知識的經驗反饋與無私分享，他發現突破習慣領域對自己與團隊績效表現有超凡影響力，他了解超越推論階梯的本能反應，對溝通對話品質大有助益，若能培養後設認知，跳出思維框架能提升思維品質，而經驗學習理論則能藉由自我覺察在做中學（經驗）、錯中改後，創造更好的自己與團隊。

管理大師彼得‧杜拉克（Peter Drucker）說過一句經典名言：「文化把策略當早餐吃掉了。」（Culture eats strategy for breakfast.）意指企業文化的影響力遠勝過策略，兆田曾說：「我們都是好人，但好人會有壞習慣；而一群人習慣的總和，便形成了文化。」因此建立好習慣、養成好意圖，消除自我干擾因素才能避免文化把策略吃掉，這也就是本

書提及對讀者非常有幫助的習慣（突破慣性）公式。

我在2019年加入三商家購團隊，很高興發現總經理及各部門高階主管都很在意團隊如何落實企業核心價值，也都希望塑造優質企業文化、實現企業願景，並真心支持形成學習型組織，這對人資團隊而言是絕佳的禮物，藉由兆田的教導與陪伴，團隊從落實突破習慣領域開始，進而建立公司策略地圖、打造高績效團隊到導入職能建置，每一個執行過程，團隊的集體思考都像是團隊上健身房，有了更好的思考肌力。距離成為習於創新的卓越團隊，我們還有很多進步的空間，而這本《思考，就像上健身房》將成為陪伴我們進步的高效參考書。

最後我想以多年人資工作者的經驗跟大家分享，我認為生命中最大的樂趣，就是善於在生活、工作細節中發現美感，在壞的際遇裡看到好的方向，進而幫助自己及他人增進幸福，兆田書中所談的很多內容都與實現這個樂趣有關，祝福大家都能透過研習本書遇見幸福。

目次

第 1 章　思考為什麼重要？

第 2 章　思考是怎麼運作的？

第 3 章　思考會有慣性嗎？

第 4 章　思考，就像上健身房

第 5 章　思考在工作上的應用案例

第 **1** 章

思考為什麼重要？

為什麼思考這麼重要？

第一，思考決定競爭力；

第二，思考才能擺脫自我矮化與習得無助，

　　　提升自我認同；

第三，思考才能走出自己的道路。

西方文明的擴張，
帶動擁抱理性的開端

何謂思考？從中文的意思來看，「思」，心中一畝田，有心腦合作，產生想法之意；而「考」，則有年老、研究之意。「思考」原本是一個人內在心腦合作的活動，但它的產出（也就是想法、概念、知識、理論、信念等）卻影響了人與人、人與國家社會、人與環境世界之間的互動關係。

當我們進入博物館參觀不同民族文明時，除了他們食衣住行育樂的文物遺跡之外，一定也包含文字及藝術。人類相較於其他物種，之所以有高度的文明，關鍵就在文字、符號、語言的演進。思考就是人們運用文字、符號、語言進行心腦活動的歷程，而溝通就是將思考的產物輸出與外界分享

的過程，溝通的過程涉及「教」與「學」的交流互動。

翻開近代中國的歷史，抑或從台灣這塊土地過去四百年來的演進，可以發現「現代化」就是西方文明融入（甚至主導或取代）東方文明的歷程。回想國父孫中山推翻滿清王朝建立中華民國，終結了數千年的封建中國，當時的白話文運動就是希望藉由「白話文」取代「文言文」，將資訊、知識從社會領導階級當中解放出來，讓所有民眾都能享有「知」的權利，能學習西方民主自由與科學的思考歷程，進而打造自由民主社會，塑造現代化華人文明。

對所有自由民主社會的公民而言，思考重要嗎？答案顯而易見，當然重要，所以「思考為什麼很重要？」這裡可以回答三個原因：第一，思考決定競爭力；第二，思考才能擺脫自我矮化與習得無助，提升自我認同；第三，思考才能走出自己的道路。

台灣大學經濟學系名譽教授吳聰敏，在其《台灣經濟四百年》一書中分享了他的研究，述說過去台灣這塊土地的地緣政治對經濟活動的影響。自1624年荷蘭東印度公司在

現今的台南安平設立商館開始，台灣這塊土地正式登上世界舞台，隨著近年俄烏戰爭及中美對抗情勢，「Taiwan」更成為國際媒體爭相報導的議題，以及網路搜尋的關鍵字。

根據吳聰敏教授的研究，從1624年到清朝統治末年，台灣都處於傳統而落後的農業經濟社會。1895年日本統治台灣之後，總督府推動全面性的基礎建設，包括公共衛生、土地調查、戶口調查，與現代化的交通系統，並建立了新式糖業，也啟動了台灣的現代經濟成長。

到了日治中期，台灣已經從一個傳統落後的社會，轉型為現代化的經濟，台灣人的所得也大幅上升。二戰結束，國民政府接收台灣後，實施全面性的管制，台灣的經濟又陷入停滯。幸運的是，美國援助台灣期間（1950年—1965年），在美方的主導與壓力下，部分的管制鬆綁，台灣逐漸回到市場經濟體制，並在1960年代初期走上高速成長之路。

台灣人的所得從1960年代初期以來，高速且持續地成長，被經濟學者視為奇蹟，證明了自由市場的經濟制度是最有利於經濟成長的論點。由此可見台灣和日本很相似，大規

模吸納西方文明，建立現代化社會後，進而帶來國富民強。

🦴 西方文明的六大殺手級利器

英國歷史學者尼爾·弗格森（Niall Ferguson），於2004年登上《時代》雜誌世界前100大最具影響力的人物，目前擔任哈佛大學的講座教授、牛津大學耶穌學院等大學機構的資深研究員。他的專長是與世界史、經濟史、惡性通貨膨脹、基金市場、美國暨英國的帝國主義等的相關研究。

弗格森教授研究西方文明憑什麼勝過外表看來比它優越的眾多東方帝國？答案是西方文明發展出六大「殺手級」利器，而這六大概念工具正是世界其他地區所缺乏的：競爭、財產權、科學、醫學、消費社會與工作倫理。

一、競爭：營造鼓勵競爭的環境結構，將政治與經濟活動去中心化，讓民族國家與資本主義能獲得積極交流的平台。相較於當時封建的東方帝國，西方因為競爭而帶來快速進步的豐厚果實。

二、**財產權**：西方與其他地區最大的差異在於制度。透過概念論述建立法治社會框架，以法治保護人民的財產所有權，以和平方式解決人民的財產爭端，為民主自由社會體制打下基礎，成為體現自由競爭經濟市場的根基。

三、**科學**：有別於東方重視從應用中體悟做學問的方式，西方文明重視思辨與探究真理，最終發展出能改變自然世界的科學理性思維及相關方法論，使西方在軍事、科技方面不斷領先其他區域，帶來巨大的競爭優勢，對當時的中國而言，成為「列強的船堅砲利」，「義和團」則成了世界笑柄，華人被貼上「東亞病夫」的標籤。

四、**醫學**：醫學是科學的分支，大幅度改善人類的健康以及預期壽命，加速並擴張了西方國家在世界各地的殖民統治。以台灣為例，吳聰敏教授對台灣過去四百年的經濟研究發現，日治時代殖民統治帶來的醫學、現代醫療系統及自來水系統，積極對抗鼠疫、瘧疾、各式傳染病，讓台灣人預期壽命延長了好幾年。

五、**消費社會**：西方創造了一種從物質到精神的生活

模式，鼓勵人們對衣服及其他相關消費品的生產與購買，以滿足心理的需要（例如：牛仔褲品牌Levi's即為流行文化的代表象徵），啟動大規模的消費行為，加上科學技術的推波助瀾，助長了工業革命。

六、工作倫理：追溯至基督新教的道德框架與行為模式，西方民眾相信努力工作是為了彰顯上帝，這樣的信仰文化及工作倫理，成為西方社會穩定持續成長的基本動能。

🔩 典範移轉後，融合出全新競爭力

如今，東升西降的趨勢成形，弗格森教授所強調西方五百年的優越地位已備受威脅，典範已然移轉，西方還有優勢嗎？

2019年中美貿易戰以來，半導體產業成為政治舞台的焦點，台積電因為在產業界具領導地位，成為台積電創辦人張忠謀口中的「兵家必爭之地」，由於地緣政治因素，2022年第一批共有五百位台積電工程師赴美設廠。

不論台積電赴美設廠的原因為何，都證明了科學與科技並非西方的專利，生長在台灣的華人一樣能打造國際級企業，創造最先進的科學技術，雖然西方國家仍然有我們需要學習的地方，但台積電工程師給國人的啟示是「我們也可以」，不需要過度自我設限，自我貶低。

台積電第三任總經理唐納・布魯克斯（Donald Brooks），回憶當時情境，說到台灣人的特性是同質性高，勤奮刻苦，具有團隊合作精神，如果有人在團隊中不盡責，其他人會給他壓力，他認為西方人沒有這種精神。

張忠謀在一次受訪中則說，台積電的成功可歸功於專業經理人的領導，與長期堅持研究與發展的投資。專業經理人必須相信科學，了解基礎物理學。因為投入的研發經費龐大，如果犯錯，要回頭追上來非常困難，因此廠商之間的競爭在於誰犯的錯誤較少。由此可見，台積電能成為中華民國的「護國神山」，不僅歸功於我們特有的文化精神，亦取經於重視科學理性的西方文明，共同創造出讓台灣企業立足於世界舞台的競爭力。

02

西方文明重視知識理論
的建構歷程

　　相較於東方，西方特別重視知識理論的建構歷程，西方文明的演進，可以簡單分為四個時代。

　　首先是**文藝復興時代**（1400 年—1600 年）：以「多面向」及「通才」為理想，兼顧學識與實作（允文允武），孕育了藝術家及工程師，例如：達文西。

　　再來是**博學怪物時代**（1600 年—1700 年）：屬於學術知識掛帥的時代，發展建立理論知識的方法論（知識論），生產大量理論知識，包含：笛卡兒、伽利略、萊布尼茲、牛頓等人。

　　第三是**文人時代**（1700 年—1850 年）：知識爆炸後，

人不再有能力企及所有普世知識，更推崇運用方言將學問帶進俱樂部、咖啡館等等一般民眾的聚會場所，也就是有能力傳播知識的大師，例如：休謨、亞當斯密、達爾文、杜邦夫人、伏爾泰、孔德、馬克思、約翰‧彌爾等人。

第四是**領域化時代（1985年—2000年）**，知識超載促成了領域專門化，加上帝國主義興起，治理革命加上資訊治國形成專業領域時代。專門化、發行專業期刊、機構分家、博物館及學會林立、大學科系化，講求團隊合作，代表人物如：佛洛伊德、杜威、皮亞傑、沙特、彼得‧杜拉克、費曼、傅柯等。

西方文明的演進史可以視為拋棄任性（經驗以及特定偏好）、擁抱理性的歷程，不同時代的博學者，他們擁有共同的條件特質包含：用不完的好奇心、高度專注力、記性好、學習速度快、善用想像力、對做學問有用不完的精力、勤奮工作、優異的時間管理、喜歡競爭、享受探索真理的樂趣等。

認識西方對於知識理論建構的重視與發展歷程，是希

望提醒讀者朋友，知識理論需要不斷地藉由思考論述、實踐辯證、解構再建構的迭代，才能持續進步。古人云：「盡信書，不如無書」，即指後人對於前人所提出的論點，要加以懷疑與批判，絕不可盡信，藉此鼓勵人們擁有獨立思考的能力。

　　華人講究的溫良恭儉讓，溫是溫和、良是善良、恭是有禮貌、儉是節儉，我認為這些都是很好的品德，唯讀「讓」（謙讓），就思考和做學問的角度，我是非常不同意的，一個人的論點不會因為其身分地位有所影響，人是人，思想歸思想，並非一個位居高位的領袖說的話、做的決定都對，員工只不過擔心被貼標籤或自身利益受損，而選擇不敢直言以對，進而選擇對職權「謙讓」甚至忍受；反之，一個默默無名的基層員工，天天在第一線生產或提供服務，他們的看法也許更有價值。理論（思考的產物）如果沒有實踐（重複日常），是空洞的；然而，只有實踐（重複日常）卻沒有理論思辨，則是盲目的。

03

思考，
可以成就更好的自己與團隊

接續前篇結尾所提：理論（思考的產物）如果沒有實踐（重複日常），是空洞的；然而，只有實踐（重複日常）卻沒有理論思辨，則是盲目的。以企業的經營管理為例，管理可以用簡單的公式表達：

管理＝決策 × 執行

高效的管理＝做出妙策 × 當責執行力

企業團隊領袖即便對組織有高度的控制力，擁有能使鬼推磨的執行力，但是一連串錯誤的決策將導致嚴重的災

難，從過去的 Nokia、柯達等企業興衰皆可窺見。反之，企業經營階層即使做出絕妙的擴張策略，但是沒有可以執行計畫的傑出團隊，一切仍只是空談。思考的品質良率，成為決定一個企業團隊能否成功的拱心石、追求理想的踏腳石。

擁抱理性、重視思考，才能為個人、團隊甚至企業強化競爭力，走出自己的道路。

🐾 只顧本分、停留舒適圈的 PChome

根據《商業周刊》1809 期的報導，二十年前 PChome 是第一家台灣上市櫃電商公司，現在市值僅剩 momo 的 5％，五年來喊了多次改革，卻遲遲未見轉型成果，企業內部千瘡百孔：

「價格、補貼、物流、系統、使用者體驗，樣樣
都輸人。」

「消費者都講出來問題在哪裡了，就是改不了。」

「我們集團的那個『團』沒有那麼重，比較像一個『集』，好處是各自有它的活力，缺點是各做各的。」

「大家都在說我們PChome當時的操作介面（UI）不好用，常在批評，像這種聲音技術部門怎麼可能沒聽到。」

「明明是總經理該講的話，就是不講。」

「主管會議沒有具體結論，大家不知道到底要做什麼，不要做什麼。同一句話，各自解讀。」

「看不到可以打仗的人，留下來的人，大多太保守，只專注手上的事，『盡好本分』。」

「一個停在『我知道』舒適圈的領導人，卻碰上一群『請你給我答案』的團隊。」

這艘旗下有PChome購物、露天拍賣、商店街三大事業體，以及超過二十個子公司與投資事業的巨艦，就像一艘

艘各駛各的船。不只各公司間少有互動與連結，連行銷、系統與倉儲物流各部門間也出現整合問題。

沒有一種競爭力可以永恆，沒有一種商業模式可以長存。PChome走入企業生命最黑暗的周期，痛苦掙扎中。

🏋 善用思考、成功逆轉勝的星展銀行

反觀另一家新加坡企業星展銀行，一家連ATM都搞砸的銀行，卻出人意料地成功逆轉勝。

星展銀行（Development Bank of Singapore），是新加坡最大的商業銀行，其英文縮寫DBS被新加坡人以「該死地慢」（Damn Bloody Slow）戲稱，可見當時顧客滿意度奇差無比。根據《商業周刊》1865期報導，2023年8月星展銀行即將購併花旗台灣的消費金融部門，正式接收其在台耕耘近一甲子累積的286萬卡友，登上台灣最大的外商銀行寶座。

星展銀行被《歐元雜誌》（*Euromoney*）、《環球金融雜

誌》（*Global Finance*）等選為全球最佳銀行、全球最佳數位銀行，《哈佛商業評論》曾將它的轉型成功撰寫為教案，並稱它是過去十年全球策略轉型前十大成功機構。這一切，都贏在想法。

星展集團執行總裁高博德（Piyush Gupta）分析當時的競爭環境，多數銀行只專注一個市場，例如北亞、香港、中國或台灣，東南亞的銀行專注東協地區，印度及其他東南亞銀行則鮮少向外擴張。高博德提出第一個很重要的想法：「要創建一個在亞洲各區（中國、台灣、印度、印尼）立足的區域型銀行。」他稱之為「亞洲戰略」，成為企業轉型的第一階段戰略。

五年後，他觀察到新創公司開始拆解金融服務的價值鏈，開始做線上支付（尤其是中國市場），進而反思星展銀行在中國、印度沒有取得重大成功的原因，就是因為一直沿用舊方法進入這些市場，加上全球金融危機之後，各國監管機構不歡迎企業併購，所以他決心帶領企業進行第二階段轉型：數位轉型。

以下是高博德在一次訪談中所提出的關鍵思考（想法）：

想法1：身在開放市場，任何競爭對手都可能會把我們生吞活剝。

想法2：人們不需要銀行，但需要銀行服務（People don't need banks, but people need banking），所以，我們必須把自己視為科技公司，忘掉銀行，像科技業一樣思考。

想法3：數據成為新石油，我們則稱它為「新空氣」（new air）。

想法4：透過三大策略轉型為科技公司：第一，數位核心化；第二，以顧客為核心；第三，建立新創文化。

高博德的思考術，靈活運用了後設認知（metacognition）中的概念思考（conceptual thinking），概念思考是站在大格

局的高度，鳥瞰全局，藉由拼湊局部片段來理解一個狀況或問題，進而找出事件或瑣碎資訊之間的關聯性或模式，提出概念構想，而這些概念構想總能帶來化繁為簡、創造連結、提供意義的效果，影響人們採取行動，帶來改變。後面章節會有更多關於後設認知的介紹。

由此可見，思考共有三個好處：第一，幫助人們持續改善績效成果；第二，突破思維與工作慣性；第三，反思與更新自己或團隊存在的意義與價值。PChome企業內的思維與行為慣性讓他們自食惡果；星展銀行則得到了思考的好處。

重點整理

1. 西方文明助長國家擴張

　　西方文明的演進史，可以視為拋棄任性（經驗以及特定偏好）、擁抱理性的歷程，發展了六大「殺手級」利器，助長過去五百年西方的擴張，尤其是殖民統治，而這六大概念工具包含：競爭、財產權、科學、醫學、消費社會與工作倫理。

2. 擁抱科學理性，成就更好的自己、更偉大的團隊組織

　　台積電的成功可歸功於專業經理人的領導，與長期堅持研究與發展的投資。專業經理人必須相信科學，了解基礎物理學。因為投入的研發經費龐大，如果犯錯，要回頭追上來非常困難，因此廠商之間的競爭在於誰犯的錯誤較少。台積電能成為中華民國的「護國神山」，不僅歸功於我們特有的文化

精神，亦取經於重視科學理性的西方文明，共同創造出讓台灣企業立足於世界舞台的競爭力。

3. 思考的三大好處

思考共有三個好處：第一，幫助人們持續改善績效成果；第二，突破思維與工作慣性；第三，反思與更新自己或團隊存在的意義與價值。

第 **2** 章

思考是怎麼運作的？

「思考」有幾個基礎觀念需要認識與理解才能加以駕馭，包含：

1. 推論階梯：大腦決策迴路的美中不足
2. 溝通的品質，取決於能否超越推論階梯的本能反應
3. 認識後設認知，學會跳出思維框架，提升思維品質

推論階梯：
大腦決策迴路的美中不足

　　我們總是傾向認為，自己的想法是對的，如果其他人不同意我們的觀點，是因為他們搞不清楚狀況；不巧的是，另一個陣營的人也是這麼抱怨著我們。殊不知，我們先天的思考決策流程，存在著美中不足的缺陷：未經訓練的大腦決策流程，總是喜歡先入為主、射箭畫靶，甚至自欺欺人。

　　想像一下，在我們的大腦有一顆負責做出決定的驅動晶片，內建了一個思考迴路，一開始從各種感官接收所有真實且完整的資訊現象，接下來主觀地選擇所謂的「事實」，開始加入自己的詮釋，例如：「我覺得這些很重

要，那些不重要」、「問題其實就是這樣」，加油添醋後，形成對人事物的假設或推論。

這個時候，自作聰明的頭腦為了證明自己的想法是對的，會開始透過回饋迴路，找尋證明自己論點的證據。不幸的是，未經訓練的大腦在「主觀地選擇事實」時取得了證據，進一步產生對人事物的結論、信念與感受，然而，這些想法和感受可能是一種偏見或誤解，但人們卻容易根據這些偏見或誤解，做出反應或採取行動，這個決策的思考流程稱為「推論階梯」（圖1）。

推論階梯，顧名思義，是一種「推論」，一個根據過去有限的經驗與感受，對未來產生的論點，但這些論點都未經證實，可能正確，但也可能是錯誤的。

🏋 生活中常見的推論階梯

日常生活常見的推論階梯包括：四年級的小學生數學成績不好，會直接推論成「我就是笨」；事實上他可能只是

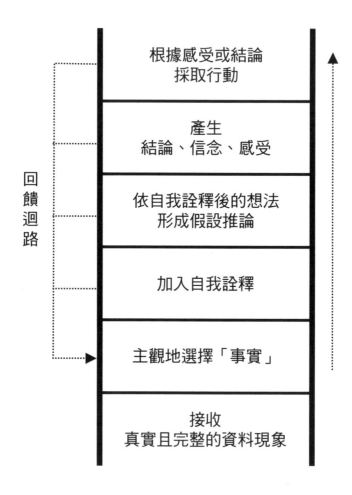

圖1　推論階梯

在練習直式運算時的習慣不好，沒有將數字排列整齊，造成失誤，並不是真的不懂。

或是我有一次出入一棟商業大樓，正準備搭電梯到六樓，第一個走進電梯之後，有個人進來說「去十樓」，我就幫忙按下電梯鈕；電梯到了三樓，又有兩個人進了電梯，冷冷地說「去十一樓」，由於我最靠近電梯口，心想：「有需要這麼不客氣嗎？」但還是禮貌地幫忙按下電梯鈕。

抵達六樓之後，我開始跟朋友訴說我的遭遇：「你們這棟大樓的人好像都很沒禮貌耶！」朋友聽完後，告訴我那棟大樓自從新冠肺炎疫情開始，為了避免接觸，就在電梯中安裝了聲控裝置，所以那幾位「沒禮貌」的人，其實不是跟我說話，是跟電梯下指令！我聽了恍然大悟，幾個人笑得東倒西歪！

🏋 工作中常見的推論階梯

生活中的推論階梯可能造成誤會，工作上的推論階梯

影響可能會更加巨大。例如某企業的核心團隊，面對銷售業績無法成長，做出的解讀是：「因為我們一直沒有推出新產品，無法在充滿競爭的市場中，滿足客戶需求。」事實上，關鍵問題在於，該公司長期採取低價策略，以為「只要我們的售價比別人低，就可以接到訂單」；但是產品品質卻一直不穩定，導致客戶沒有信心，越來越不願意跟他們合作。

還有另一家公司的產品不良率持續攀升，管理階層卻總是將失敗的原因，歸咎於客戶時常改變規格，使得生產標準程序無法落實；事實上，問題的癥結點在於，公司不願投入資源訓練員工，使得員工無法良好執行生產流程，才造成不良率居高不下。

另外有一家連鎖餐廳，在某段時間內客訴量攀升，店長認為是因為開放多元支付造成的結果，讓結帳的流程變得更複雜繁瑣，增加了顧客的抱怨；事實上，經過分析後發現，這些抱怨大多發生在尖峰時間，調派了太多人力到備餐流程中，卻疏忽了結帳顧客，導致了顧客的不滿。

不論在生活中或工作情境中，小到令人莞爾的誤解，大到誤判導致管理成效不彰，根本的原因都來自於不理解人類演化過程中大腦的決策迴路，既有快速的直覺反射（本能反應），亦有慢慢分析的理性反思，為了節省能量（大腦一天的耗能占總卡路里近30％），通常直覺反射會占上風，讓我們陷入不少陷阱。

　　這種思考迴路的美中不足，有時令人懊惱，但也讓人與人之間出現許多意想不到的插曲花絮，增添許多有趣及具挑戰性的事物，激發我們更加追求卓越、持續精進。

溝通的品質，
取決於能否超越推論階梯的本能反應

推論階梯在人際溝通中扮演關鍵的角色。溝通是人與人之間「教」與「學」的互動歷程，其目的在於幫助人們建立良好關係，解決問題，促進合作，創造價值。溝通品質的好壞取決於能否覺察推論階梯的本能反應，避免先入為主的主觀判斷，超越本能反應，開啟傾聽與回應的正向循環，進行對話。

溝通的過程中，給予訊息（想法或感覺）的一方是「教」的角色，而接收與解讀的一方是「學」的角色。因此，溝通不良可以簡單地歸納成以下幾種狀況：

第一，「教」（給予訊息）的人，不會教或不想好好教，

表達沒重點或不精準，甚至認為學不會、聽不懂是對方的問題和責任。

第二，「學」（接收與解讀）的人，不想學或學不會，不敢或不會提問、確認與澄清。

第三，「教」跟「學」的人都做不好，一直在雞同鴨講，各自表述，沒有交集共識。

以推論階梯為基礎，人際溝通的「教與學」關係為框架，可以將溝通模式分為「單向控制」與「共同學習」兩種。

🏋 單向控制型的溝通

顧名思義，單向控制模式的溝通，容易把過多單方面的主觀價值判斷附加在對方身上，就如同還沒根據證據開庭審訊前，便將對方判刑，而對方可能是無辜的，最後所付出的代價，不但會失去對方對自己的信任，甚至會造成更多不必要的矛盾和衝突。

習慣單向控制的溝通者，總是看重面子，堅守自己的

立場，為了說服對方，會巧妙地隱藏真正的意圖動機，不願意關心、理解，甚至不在乎對方的想法與感受，導致雙方不信任、誤解、防禦甚至衝突，團隊協作效能低落。

換言之，單向控制的溝通者，教的人面對學不會的人，總認為是對方搞不清楚狀況，對方是錯的、不正當的；單向控制的溝通者深信只有自己最了解狀況，是對的一方，必須成功地說服對方，不能失敗，才能達成目標。

例如，Z公司的人資主管邀請了A講師，針對全公司主管及員工安排大規模的教育訓練，雙方之前有過愉快的合作經驗，因此人資主管希望能與A講師再次合作，達成任務，歷經三個月提案和報價的討論與修改（總共修改超過五種版本），終於有了共識結論。

由於Z公司的合作程序必須走採購流程，但A講師始終沒有接到來自Z公司採購人員任何會議或協商的訊息，因此數度提醒人資主管趕快進行議價，否則會來不及安排相關人力與準備工作；聯繫後又過了一個多禮拜，A講師開始焦慮起來，這時，Z公司的採購人員L終於打來了！見表1。

表1　單向控制型的溝通案例：發怒的講師

A講師的推論階梯 （想法與感覺）	實際的對話
	L：請問你這一次報價和之前有什麼差別？
他是不是搞不清楚狀況？我和人資主管已經談了這麼多次，前前後後提案和報價改了五次，都已經拖三個月了，還問這種問題？	A講師：什麼意思？你指的是和之前哪一次報價比？
	L：都可以。
他在講什麼啊？（感覺好糟糕）	A講師：L，我之前和你們的人資主管談了很多次，提案和報價都改了五次，這些差異他都很清楚，這應該是你們之間需要事先溝通的部分，為什麼會來問我？（情緒激動、語氣嚴厲）
（有憤怒情緒）	L：A先生，你為什麼要那麼激動？
（有憤怒情緒）	A講師：我當然會激動！貴公司請我幫你們規劃活動，需要大量人力，準備時間又長，舉辦日期都快到了，我提醒你們人資趕快進入採購議價階段，他都說已經請採購聯繫，可是我等了一個多禮拜，才等到你的電話，而你卻問我一些你們內部應該先討論溝通的地方，這不是在浪費時間嗎？（情緒更激動）

表1　單向控制型的溝通案例：發怒的講師（續）

A講師的推論階梯 （想法與感覺）	實際的對話
挑釁我（憤怒情緒）	L：你們很不專業，我以前也辦過活動，做過企劃（語氣轉為冷漠），再說，你們的報價上也沒註明聯絡人（挑剔文件細節）……
挑釁我（憤怒情緒） 我一定要聲明清楚我的立場，我才是有理的，是你們的問題	A講師：如果不符合貴公司的採購文件格式，是我的問題，但貴公司的聯絡單位從未提供相關資料或要求，而是由你現在才告訴我。 還有，我們的確不是大公司，沒有專門的業務或助理處理這些細節，但不代表我們可以被當成供應商對待。再說，沒有註明聯絡人？我所有的聯繫資料都在人資那裡，為什麼會說沒有？這不是證明了你們內部溝通的確有問題？是你們沒有做好該做的工作！
我不在乎你（憤怒情緒）	A講師：你們會挑供應商，我們也會選擇客戶。
	L：（此時已將電話轉接到人資主管）
靠！來這一招！	人資主管：A怎麼啦？
好，誰怕誰……	A講師：你們怎麼可以這樣……（再度重申問題）

看完這段對話紀錄，應該可以猜到Ａ講師單向控制的溝通模式，造成最後失去與Ｚ公司的合作機會，同時也為人資主管與採購人員之間帶來尷尬與困擾。

另一個案例是一個專案檢討會議，這個工作小組才剛成立不到一年，會議成員有部門主管以及團隊成員KK和JJ。會議目的是如何改善公司新人訓練課程與流程，目前的新人訓練課程已執行了六個月的時間。

過去六個月內，蒐集了許多來自學員的建議與回饋，此外，還發現課程進行中，學員常有身體不適的狀況，針對以上狀況，部門主管希望藉由這次的會議，產生一些改善的行動方案。

JJ是整個專案的負責人，KK是新加入者，試圖提出一些他的觀察，以及對整體課程與流程上的建議，表2為對話歷程。

表2 單向控制型的溝通案例：迂迴的主管

部門主管的推論階梯 （想法與感覺）	實際的對話
根據我手上蒐集到的資料，課程內容及流程一定要改，但JJ一定會反彈，先讓KK提出改善的想法。	部門主管：我們開始吧。KK，你的看法是什麼？
	KK：根據過去這六個月蒐集到的建議與回饋來看，我們的課程內容與執行流程，應該要做出一些改善。
	JJ：為什麼？在開始執行整個專案前，我們不是已經針對所有環節與細節進行過許多檢討，現在的做法不都是當時共同決議的嗎？為什麼這個時候要改？ 再說，這些學員的建議和回饋，也不足以代表所有學員的意見，他們可能只是比較挑剔的少數，我認為不需要為了這些少數，而讓我們勞師動眾。
不意外，我猜對了，JJ果然不太高興。 但我想讓JJ知道，現在我們所面對的問題是什麼？	KK：我不覺得他們是挑剔的，我們應該正視這些問題，即便我們先前已有了決議，但必要時，我們還是必須做一些調整，免得情況惡化。
很好，我支持KK的觀點。	

表2　單向控制型的溝通案例：迂迴的主管（續）

部門主管的推論階梯 （想法與感覺）	實際的對話
我想提醒大家，我們是一個團隊，並且適時肯定他們過去的表現，同時引導他們回想，這個專案的任務與使命是什麼？	部門主管：先等一下，在繼續討論之前，我有幾句話想和大家說。 先謝謝兩位這段時間對這個專案做出的犧牲與貢獻，你們充分表現了該有的合作精神與良好的溝通，各位也應該從過程中理解，新人訓練對公司的重要價值。 你們知道新人訓練的核心使命是什麼嗎？誰可以回答這個問題？
	JJ：新人訓練最主要的目的是，協助公司照顧新進員工，讓新人在最短的時間內了解公司，認識新環境，讓公司產生績效。
我想再確定大家都了解目標是什麼。	部門主管：KK，你覺得呢？
太好了，我們可以繼續了……	KK：他説的沒錯。
我試圖引導JJ重新思考這些學員的建議與回饋，甚至以不同的思維來看待，總之，我希望他對這些意見有所回應與調整。	部門主管：那麼，以新人訓練的使命為前提，JJ，你怎麼看這些學員的回饋與觀察？
JJ開始認真面對這些問題了，但有壓力。	JJ：其實我們的確可以做得更好，但那要花費很大的代價，這樣值得嗎？

這個會議最後沒有具體的結論，但JJ認為部門主管偏袒KK，不但沒站在他的立場設想，還讓他沒面子，而且認為剛加入的KK急於表現，刻意找麻煩。

在前面的案例中，發怒的講師和迂迴的主管都是以單向控制模式進行溝通。

發怒的講師對於不斷更改課程方向和規格，而且遲遲無法確認合作細節，對Z公司內部產生「流程冗長」的詮釋，因此感到不耐煩；之後，採購人員L的提問，又讓發怒的講師主觀地認為Z公司的採購流程不尊重專業；加上，發怒的講師認為人資主管與採購人員L理所當然必須資訊同步，因此，發怒的講師不但對Z公司的流程有負面印象，又設下過多理所當然的假設前提，造成失去理性傾聽對話的能力，取而代之的是先入為主的本能反應。

迂迴的部門主管則是刻意隱藏對這個議題的假設推論——「課程內容及流程一定要改，但JJ一定會反彈」，選擇運用新人訓練的使命，以及明知故問的提問，企圖說服JJ配合改善課程內容與精進流程。

然而，單向控制的迂迴主管料想不到的是，人與人之間的溝通不是要求他人按照劇本配合演出，每個人對於人事物都有不同的詮釋與見解，單向地期望他人配合演出，只會造成雙方更多的不悅，逐漸失去信任感。再者，迂迴的主管在問題尚未理性分析之前，已經做出「課程內容及流程一定要改」的結論，截斷了跟團隊成員深入分析問題、並且共同學習的契機。

共同學習型的溝通

另一種溝通模式是共同學習，透過學習及刻意練習，以尊重、開放、信任為基礎，根據明確的事實，展現同理心，理解並尊重他人不同的意見理念，超越推論階梯的本能反應，不論教的人（給予訊息的一方）還是學的人（接收與解讀的一方）都願意共同學習，教學相長，培養溝通默契，與他人建立良好的溝通關係與歷程。

共同學習模式的溝通者，為了避免誤解誤判，總是積

極確認與釐清雙方的假設與推論，清楚說明自己的意圖及動機，以身作則，並引導對方分享相關資訊，盡可能藉由蒐集具體的事件細節或證據，輔助說明與澄清想法和感受。

另外，在表達自己觀點的同時，又能適時地探詢對方的回饋，如果遭遇複雜且定義模糊的問題，懂得運用問題解決的思考工具或框架，進行討論，以獲得具有共識的結論與承諾。

共同學習的溝通模式，不但能有效地提升團隊運作效能，更因為鼓勵團隊成員對主要議題有不同的認知與想法，促使團隊內彼此相互學習與成長，逐漸累積人與人之間的心理安全感，發生任何狀況時，都不用擔心自己的想法不同於多數（或主流）意見，說出來會被貼上負面標籤；也不用害怕失去工作上的權益，造成習慣性隱忍的習得無助感，進而發展對團隊的認同感。

共同學習的溝通者深信，自己雖然擁有一些資訊，但其他人可能也有一些自己不知道的資訊，而且每個人對人事物都會有不同的詮釋、感受與想法，而每一個詮釋、感受與想

法的多元差異，都是教的人與學的人彼此學習的契機。

以前述迂迴的部門主管為例，如果會議可以重來，共同學習模式的溝通將呈現如表3。

表3　共同學習型的溝通案例：迂迴的主管

部門主管的推論階梯 （想法與感覺）	實際的對話
根據我手上蒐集到的資料，課程內容及流程一定要改，但JJ一定會反彈，該先選擇用什麼方法分析問題，再跟大家一起做出決定。	部門主管：這個會議主要是討論，如何處理新人訓練課程中學員的負面回饋以及身體不適的議題。 根據我蒐集到的資料，我個人第一時間的看法是：課程內容及流程一定要改。但是，我的判斷可能不夠好，甚至有誤，今天我想邀請兩位一起討論，好好根據具體的事件經過及證據，釐清問題，再做判斷。 JJ，你是專案負責人，你的意見是什麼？我們要用什麼方法及思考架構分析？

溝通是人與人之間教與學的互動歷程，其目的在於幫助人們建立良好關係，解決問題。要有好的溝通品質，必

須覺察自己對人事物的推論階梯中所經歷的思考歷程，抑制先入為主（發怒的講師）、自欺欺人（迂迴的部門主管）的本能反應，刻意練習理性的思考與對話，才能將每一次的挑戰與矛盾，視為持續精進的契機。

最後，還要認清並接受人是有感覺和情緒的生物，而情緒是本能反應的催化劑，是理性思考的阻斷劑，推論階梯的本能反應就是先入為主、斷章取義、自欺欺人、射箭畫靶，不要期望自己或他人在有情緒的狀態下，能做出好的決定或產生好的溝通。

這裡所謂的「接受」，並非消極地逃避，而是積極、勇敢、坦然地接受人的限制，直視人性的黑暗面（任性與惰性），努力尋找配套的解決方式，超越本能，鍛鍊心性，展現文明理性的情操。

06

認識後設認知，學會跳出思維框架，提升思維品質

　　有想法，不代表懂思考。對一位成年人而言，針對人、事、物、現象提出想法或感受，不是一件特別困難的事，但關鍵不在於能不能有想法，而是想法是否經過深思熟慮？理論見解是否理性、是否獨特？

　　在第04篇介紹的推論階梯中，從主觀的選擇、自我詮釋、產生假設推論到形成結論的過程，都涉及「認知」與「後設認知」的運作，也是思考的核心概念。

　　簡單地說，認知（cognition）是指人們透過感官、經驗、思想以獲得知識，並認識（理解）世界的心理活動（行為），而認知過程就是使用現有知識（概念）探索新知識（概

念）的歷程，包含了感知、記憶、基本計算及聯想的能力。

至於後設認知（meta-cognition），則是指一個人控制、管理及引導自我心智歷程的能力，也就是說，後設認知負責指揮、運用、監督一個人的認知活動，它包含了分析思考（俗稱系統思考）、概念思考、心智模型等。

分析思考幫助我們進行整體的系統思考，找出因素之間的因果相關；概念思考則在瑣碎片段的資訊前提下，探索現象背後的模式，化繁為簡，形成觀點見解，產生連結，提供意義，傳達價值願景；心智模型則是一個人內在對世界的詮釋。可以說，後設認知就是所謂認知的「認知」。

看完上面這一段，如果是沒受過心理、教育相關領域訓練的讀者，一定會出現「什麼？」、「好難！」、「好硬！」、「每個字都看得懂，但合在一起看不懂。」等類似的感受和想法，因為「認知」和「後設認知」等字眼對大多數的讀者而言是陌生的，難以進行基礎的理解與聯想，更難以運用這些概念進行高層次的思考，例如，批判、分析等反思性活動（也就是後設認知）。

為了增強讀者的理解，我們先換個方式認識「認知」與「後設認知」。

🦴 大腦決策中的「快思」與「慢想」

美國心理學權威丹尼爾・康納曼（Daniel Kahneman）博士，由於在判斷及決策（Judgement and Decision Making）領域做出了傑出的貢獻，在 2002 年獲得了諾貝爾獎（Nobel Prize），於2011年在他的暢銷書《快思慢想》（*Thinking, Fast and Slow*）中，分享了有關於人們如何做出決定、展現行為的研究成果。

康納曼的研究發現，由於人類演化的結果，人們為了一天的需要，必須做出上千的判斷或決策，小到早餐吃什麼，出門怎麼穿；大到年度財務預算如何定案，如何決定未來五年的公司方向及願景，如何處理目前部門之間的衝突矛盾；甚至，家人之間的糾結該如何面對等等。

大腦一天所需的熱量，占一天卡路里的30％，為了節

省熱量，於是演化出兩種大腦的決策模式，一個是幫助我們快速做出判斷的決策系統迴路，稱為「系統一：快思」（Thinking Fast）；另一個是幫助我們深思熟慮，慢慢做出決策的系統迴路，稱為「系統二：慢想」（Thinking Slow）。

我們先來進行幾個簡單體驗。

圖2　表情素描

看到圖2，我們不假思索立刻就能夠判斷「這是三張人物素描，他們都帶著微笑，心情應該是愉快的」。這就是系統一，具備快速思考、做出決策的作用。

再例如圖3，看到這些數字與符號，我們依然可以不假

思索，立刻判斷出這是一個乘法算式（系統一的作用），而我們需要花費一些心力，才能夠計算出這個算式的值，這就是系統二的作用。但如果你直接拿起計算機企圖更快得到答案，那就是系統一的反應。

$$19 \times 21$$

圖3　19×21的乘法算式

再來一題，請算出圖4共有幾個三角形？分析請見本章最後的重點整理第4項。

「系統一：快思」是一種反射的直覺思考，是以自動自發的方式迅速地運作，只需花費極少的熱量、心力，或甚至完全不需花費任何心力即可完成。系統一的能力是人們與生俱來的本能，例如認知周遭的世界、辨認物體，經由長時間或重複的學習或練習，形塑而成的快速自動反應能力，包含直覺、習慣反應、刻板記憶、統合能力、產生假設推論、閱讀能力、概念之間的關聯性（例如中華民國的

首都是台北）、感知人際關係與社交情境的能力等。

系統一的反射（reflex）包含：

● （透過視覺或聽覺）判斷物體的遠近

● 聽見不尋常的聲音後，把注意力轉移到發出聲音的地方

● 聽出（聞出）對話（或文字、表情）中的敵意

● 回答簡單的算式，例如：3＋3＝？

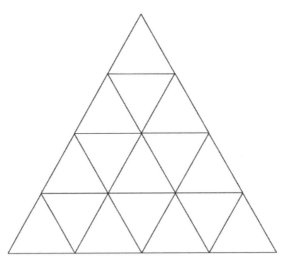

圖4　數三角形

- 在空曠的道路上開車
- 明白簡單的語句

「系統二：慢想」是一種反思的理性思考，需要我們集中注意力，並且需要花費心力，才能夠完成心智的活動。如果注意力移轉，心智活動就會中斷。藉由注意力分配以及記憶，系統二會改變系統一的運作方式。

舉例來說，在擁擠的火車站等一位朋友，我們會把注意力放在朋友的特徵上，像是專注尋找紮馬尾、戴黑框墨鏡的女子。但，人們無法同時進行兩件以上需要集中注意力的心智活動。舉例來說，在擁擠的車陣中，我們無法一邊超車，一邊計算 19×21 是多少。集中注意力時會產生盲點（不注意視盲或不注意聽盲……等等），就連平常顯而易見，甚至會引起注意的不尋常事物，都會因此視而不見。

以下都是生活中常見的系統二活動：

- 賽跑時專心準備，聽到鳴槍後起跑

- 把注意力集中在電影中的某個角色

- 在擁擠吵雜的房間內，注意聽某個人的談話

- 尋找染紅髮的男生

- 聽見不尋常的聲音後，搜尋腦海中的記憶，試著分辨這是什麼聲音

- 保持以比平常更快的速度行走

- 在人際社交場合中，持續觀察自己的行為是否恰當

- 計算動物園獼猴區內有幾隻猴子

- 告訴別人自己的電話號碼

- 檢查複雜的邏輯分析的正確性

系統二的反思（reflection）作用包含：蒐集資料、歸類、比較、建立理論、邏輯思考、質疑思考、分析思考等。

系統一的思考，反應快、不費力、易犯錯；系統二的思考，反應慢、耗能、但可靠。根據康納曼博士在《快思慢想》書中所強調，一個人的系統二作用最多只能進行兩

小時，剩下時間都是由系統一的思考迴路做出判斷，以維持大腦所認為的效率。

後設認知就像系統二的作用，用來管理、引導、控制一個人的思考（認知歷程），心理學專家也常用「認知的認知」來比喻後設認知。試想一個人戴上紅色鏡片的眼鏡，會看見紅色的世界；戴上綠色鏡片的眼鏡，看見的是偏綠的世界，也就是說，思考一個問題，不同的思考框架，會得到不同的詮釋與結論，後設認知能帶給人們一種「原來我一直戴著這副眼鏡看問題」的自我覺察，以及「如果我能換個方式想，就能撥雲見日，化危機為契機」的突破框架思考。

後設認知可以簡單分為三類，分別為分析思考、概念思考以及心智模型。

分析思考

分析思考，又可以稱之為系統思考，顧名思義，就是

將問題細分成許多小部分，有系統地將一個問題或事件的各個部分組織起來，比較不同的特性或構面，依據理性設定優先順序，找出時間的順序和因果關係。換言之，分析思考是一步步探究問題和事件深層意涵的一種分析能力。

分析問題的過程必須有系統地展開，我個人非常推薦「MECE分析法」（Mutually Exclusive, Collectively Exhaustive，意指不重複、不遺漏）。「不重複」（ME）指展開過程中，透過發散思考，會出現細小分項，而這些分項必須彼此互斥獨立（Mutually Exclusive）；而問題事件的分析成果又必須「不遺漏」（CE）任何分項細節，確保詳盡完整（Collectively Exhaustive）。

分析問題時要以圖像展開（如圖5），同時刻意運用MECE原則進行展開，而展開的方式又可以有三種，分別是依照順序、因果關係式 $y=f(x)$、理論框架（後續章節會有更多練習示範）。圖5的案例就是以因果關係式展開，探討「如何保持身體強健？」這個問題。

後設認知（系統二）中的分析思考可以分為五個層次，

圖 5 分析思考以圖像呈現問題結構

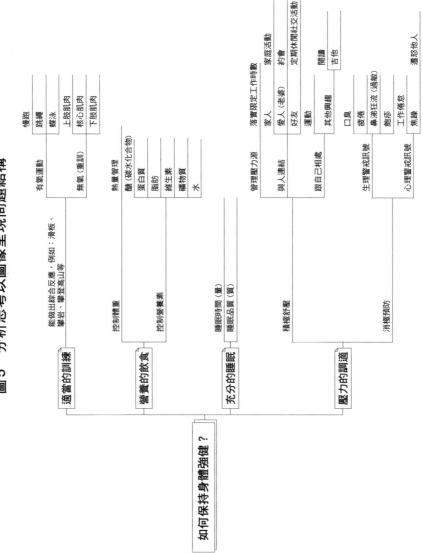

如何保持身體強健？

適當的訓練
- 能做出綜合反應，例如：滑板、攀岩、攀登高山等
- 有氧運動
  - 慢跑
  - 跳繩
  - 蝶泳
- 無氧（重訓）
  - 上肢肌肉
  - 核心肌肉
  - 下肢肌肉

營養的飲食
- 熱量管理
  - 醣（碳水化合物）
  - 蛋白質
  - 脂肪
  - 維生素
  - 礦物質
  - 水
- 控制體重
- 控制營養素

充分的睡眠
- 睡眠時間（量）
- 睡眠品質（質）

壓力的調適
- 積極舒壓
- 消極預防
- 管理壓力源
  - 落實限定工作時數
  - 家庭活動
  - 約會
  - 定期休閒社交活動
- 與人連結
  - 家人（老婆）
  - 好友
  - 運動
- 跟自己相處
  - 其他興趣
  - 閱讀
  - 吉他
- 生理警戒訊號
  - 口臭
  - 疲倦
  - 鼻涕狂流（過敏）
  - 跑痧
- 心理警戒訊號
  - 工作倦怠
  - 焦躁
  - 遷怒他人

由低階到高階，分別對應到層次一至層次五，整理如下：

- **層次五**：遇到問題，總能系統地分析問題，運用工具訂定多個（複雜的）解決方案。
- **層次四**：遇到問題，總能系統地分析問題，運用工具訂定解決方案。
- **層次三**：總是能發現問題事件之間複雜的因果牽動關係。
- **層次二**：遇到問題，總能發現問題事件背後基本的因果關係。
- **層次一**：遇到問題，總是未經分析直接展開一系列的工作項目。

❧ 概念思考

如果簡化理解大腦的分工協作，人們通常以左腦進行分析思考，以右腦進行概念思考，賦予意義、發揮創造

力，創造傳奇故事。接下來，我們來聊聊概念思考。

概念的英文concept，源自拉丁文的 conceptus，自古便是哲學家及科學家所使用的詞彙。conceptus 是 concipere 的過去式，有「創造你心想的東西」的意思，概念構想永遠與願景及價值相連，因而產生意義與行動。

因此，概念思考是站在大格局的高度，鳥瞰全局，藉由拼湊局部片段來理解一個狀況或問題，進而找出事件或瑣碎資訊之間的關聯性或模式，提出概念構想，而這些概念構想總能帶來化繁為簡、創造連結、提供意義的效果，能注意到他人沒注意到的差異或矛盾，並迅速把握問題的關鍵，影響人們採取行動，帶來改變。

在新冠肺炎（COVID-19）襲捲全球的當時，只要是必須與人接觸互動的任何行業，絕對是站在海嘯的第一排，無一倖免，壽險業便是一例。當時 A 主管所帶領的團隊正陷入愁雲慘霧當中無法自拔，他自覺必須轉念，改變過去的思維框架及行動模式才能突圍，因此做了許多功課，發現業務量取決於「客戶名單」、「活動量」及「成交率」三個

因素，於是召集團隊，向他們說明最新的戰術行動要點。

　　第一，改變過去的「狩獵」模式，放棄必須實際互動才能進行銷售的行為模式，切換成運用社群媒體科技，耕耘客戶的「農耕」模式，銷售員從過去的獵人，轉變成一位農夫，提供肥料（重要資訊），勤於灌溉種子（客戶），等待收割（業績）。

　　第二，運用農耕模式，打破過去獵人模式的的地域疆界，從區域經營擴張為全國性客戶經營。

　　於是，A主管的團隊在新冠肺炎警戒期間，猶如搭載諾亞方舟，準客戶暴增三倍，業績年增十五倍，逆勢突圍。

　　另一個例子則是，假設我們想說服他人，「問題解決」是一個持續改善的歷程，而不是一個空洞的概念或口號，那麼應該怎麼做？

　　首先，我們必須認知到，問題就是目標與現況的落差（圖6），解決問題必須經歷ABCDE的歷程（圖7）：

圖 6　問題解決的鴻溝譬喻

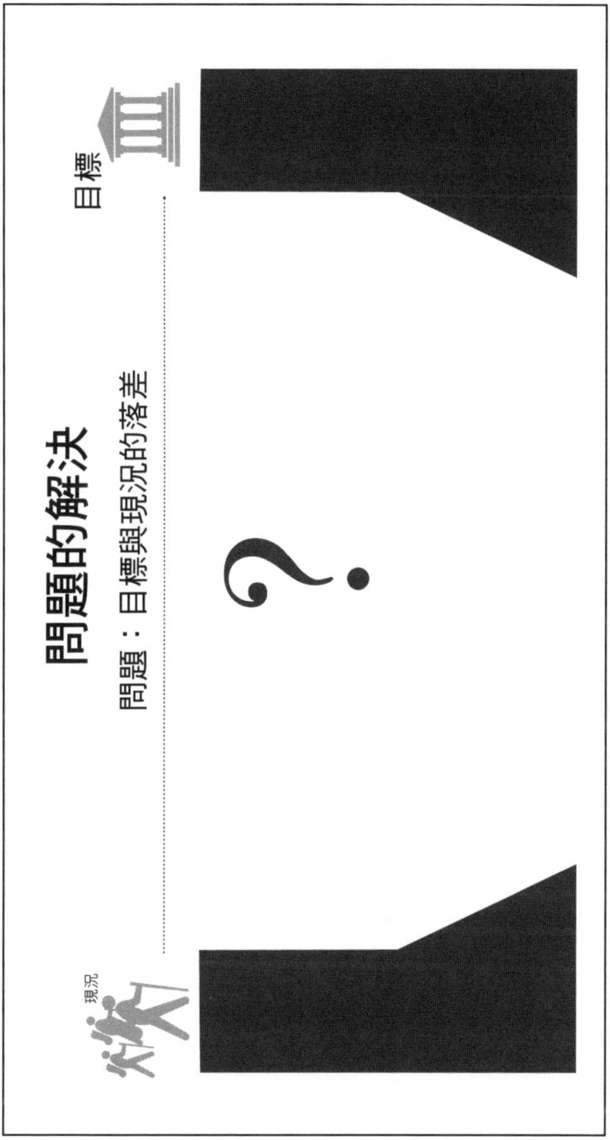

問題的解決

問題：目標與現況的落差

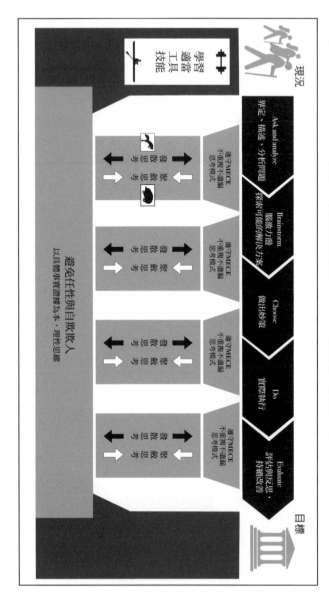

圖 7　問題解決的 ABCDE 程序及基礎原則

Ask and Analyze：界定、描述、分析問題

Brainstorm：腦力激盪，探索可能的解決方案

Choose：做出妙策

Do：實際執行

Evaluate：評估與反思，持續改善

　　解決問題的過程中，必須根據具體事實證據，避免任性與自欺欺人，遵守MECE原則（不重複、不遺漏），不斷藉由發散思考及收斂思考形成構想結論。

　　在圖6的概念示意圖中，我們以鴻溝比喻問題，化繁為簡，直白清晰地呈現了「問題」的樣貌；圖7的ABCDE問題解決程序，則容易帶給人簡單、好記以及循序漸進的印象。圖8中的符號與比喻，啞鈴及划船者就好像是問題解決者，象徵著解決問題有時候需要刻意練習特定的工具技能，才能持續改善；發散思考時則有如狐狸般，因好奇而進行跨領域的探索；聚斂思考時則要像刺蝟一樣，專注於目標，持續鑽研，直到解決問題達成目標為止。

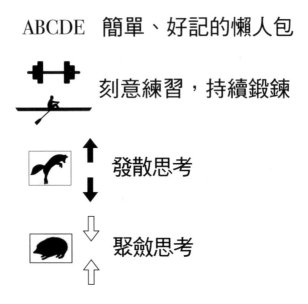

ABCDE　簡單、好記的懶人包

刻意練習，持續鍛鍊

發散思考

聚斂思考

圖 8　符號與比喻

　　透過以上的說明，是否讓各位讀者對於「問題解決」有了更具體的畫面，對於學習如何精進解決問題能力有了更強烈的企圖，更希望知道 ABCDE 程序中包含哪些工具及方法呢？如果有，那便是概念思考帶給人們的影響。一言以蔽之，分析思考強調如何善用理論框架；概念思考則是探討如何建立或發展理論框架。

從「獵人」到「農夫」、從問題解決「鴻溝」到ABCDE模式「橋樑」，好的概念思考能傳遞願景與價值，誘發新行為與積極作為。

概念思考可以分為五個層次，由低階到高階，分別對應到層次一至層次五，整理如下：

- 層次五：針對複雜的問題，能提出新的概念構想，帶來連結意義，傳遞價值願景，誘發行動
- 層次四：總能運用精簡的概念構想，表達複雜的願景與價值，可謂言簡意賅、化繁為簡
- 層次三：能選擇適當的理論框架或工具幫助思考
- 層次二：能從經驗及觀察（瑣碎片段的資訊、事件）中發現其中的規則、模式或趨勢
- 層次一：能觀察眼前的細節現象（具象），尚無法整理歸納出模式或關聯

我在撰寫本書的過程中發現，坊間有關概念思考的應

用，大多在談論如何行銷品牌或銷售產品，例如：

- 台積電（TSMC）相信運用積體電路技術及專業服務，提供全球最先進及最大的製造解決方案，與無晶圓廠設計公司及整合元件製造商的客戶群，可以共同組建半導體產業中堅強的競爭團隊。

- 《商業周刊》相信用媒體核心為品牌資產，打造華文世界最有影響力的共學平台，可以讓人們成為更好的自己。

- 鴻海科技集團相信運用全球製造整合方案，提供全球最具競爭力的全方位成本優勢，可以使全人類皆能享有3C產品帶來的便利環保生活。

- 華碩（ASUS）相信藉由綠色高科技，追求無與倫比的科技創新，可以為全球使用者提供體貼人心的智慧生活，與無所不在的幸福感。

- 日本品牌 UNIQLO 相信藉由提供真正優質、前所未有、全新價值的服裝，讓世界上所有人，都能夠享

受穿著優質服裝的快樂、幸福與滿足。

- 耐吉（NIKE）相信如果你有身體，就是一位運動員，致力於為全球每位運動員，提供靈感與創新。

- 微軟（Microsoft）相信運用最先進的網路數位科技，能幫助全球每個人及每個組織達成偉大成就。

- 樂高（LEGO）相信玩具應該刺激想像，讓人們專注於自主創造的事物。

- Google 相信全世界的資訊都該被組織整理，讓人們一鍵取得。

- 瑞士環保材質再生包品牌 FREITAG 相信，物品都該有第二人生：「我們相信萬物有來生。」

- 玩具反斗城相信為孩子的心靈注入歡樂，能為父母的表情放上微笑。

- TED 深信構想的威力足以改變態度、人生，以及最終極的目標──世界。

而我身為教育工作者，深信運用經驗學習冒險培訓方

法論，搭配數位工具，提供學得會、會想用、用得好的人才發展方案，可以讓人變聰明，讓流程變聰明，幫助企業團隊達到偉大成就。概念思考實際幫助我改善了工作效能，顛覆學習現場，提升學習成果，這種切身的應用，對於讀者來說應該更為實際和有用。由此可見，概念思考不但可以幫助行銷品牌理念、銷售產品，更能提升個人的工作效能！

概念思考的五個階段

某家大型企業X近年推動升級轉型，總經理、高階主管及人力資源主管，都對如何打造未來組織流程、如何培育未來人才感到茫然且焦慮，公司上下都被忙碌的工作（工作慣性）填滿，無暇思考未來，關鍵職位缺乏優質的接班人才，團隊領袖出現嚴重斷層。

由於我有長年教學的經驗，深知成人教育訓練的殘酷現實——學習者的「三不一沒有」，是造成教育訓練沒有效果（上課感動，下課不會動）的通病。

這「三不一沒有」包括：

第一，學習者**不**知道自己需要改變；第二，學習者**不**理解自己的慣性或惰性所造成的影響；第三，學習者**不**知道該如何（設計有用的計畫）改變；最後，學習者**沒有**真心想改變（可能只是人云亦云，或是混淆了改變的目標）。

因此，企業的組織發展計畫，必須根據成長目標、成長策略以及明確定義關鍵能力指標，才能做好績效管理及人才發展。讓我們一起透過概念思考的五個階段，學習如何塑造未來企業發展，以及如何培育未來人才。

第一階段：能觀察眼前的細節和現象

根據我們在上個章節所介紹的推論階梯，為了避免先入為主、射箭畫靶的本能反應，第一階段的關鍵工作，就是盡可能客觀地觀察以及蒐集現象資料。

觀察並非「走過去」、「看過去」或「聽過去」那樣不經意地瀏覽，觀察是一種能力，需要技巧，需要專注於待觀察的目標人事物上，換句話說，缺乏觀察細節現象的意願與能力，是培養概念思考的一大障礙。

為了探索Ｘ公司未來人才的關鍵能力，除了問卷調查，還舉辦企業內焦點團體工作坊（動態座談會）以及總經理一對一面談，企圖掌握Ｘ公司內重要的關鍵人物（或專家），勾勒企業的過去、現在及未來，再將這些紀錄轉變成逐字稿，運用文字圖像，盡可能描繪組織、流程及人員的樣貌。

第二階段：能從經驗及觀察（瑣碎的資訊與事件片段）中，發現規則、模式或趨勢

　　礙於本書篇幅，且不造成閱讀上的困擾，以下僅節錄部分逐字稿精華如下：

　　「我認為員工需要額外付出努力與創意，取得更高的滿意度，因為我希望員工可以改變自己既定的思維，思考新的方式，來進行相關工作的一些改善。」

　　「我認為員工需要主動積極跟掌控好時間觀念，主

要原因就是說，如果員工能夠積極去執行這些交辦的事項，而且能夠準時甚至提早去完成的話，那我們所設定的目標，也可以更好地達成。」

「其實我會希望員工主動提出他自己的想法，並在所有問題發生的過程中，有能力自己解決或找出相對應處理的單位，或者是直接解決的方案，而不是過度仰賴主管。這樣主管要花更多時間，去處理這個員工的問題。」

「那主管的部分呢？其實很重要的是跨部門溝通跟協作的能力，因為其實我們有各個處級以及部門，且各個部門的專業能力是不同的，所以當他們需要去達到訂定的目標的時候，必須要有良好的溝通跟協作，才可以更好地去完成。」

「我認為主管應該引領團隊進行必要的改變，因

為主管必須要能夠發現並理解自己團隊成員的優缺點，然後協助部屬進行改善，以及進行行為相關的調整。」

「我認為主管的能力，應該是要在問題中找出所謂的東西，洞悉所有的問題，然後去提出所謂創新的目標，那這些創新目標才有辦法去下放到員工，讓他主動提出想法，把所有的問題去解決完之後，主管才會有更進一步的想法。」

探索X公司關鍵能力的工作人員，在上述的逐字稿中圈出關鍵詞，再加以分類，再為這些類別重新命名，並統計關鍵詞出現的次數。終於，我們為企業的未來歸納出幾個重要的能力概念：

關於員工：
跨部門溝通（17，代表「跨部門溝通」底下有17個相

關關鍵詞）

分析思考（11）

發現問題與解決問題（11）

明確的目標（9）

有成果（6）

創新與改變（5）

自我學習（4）

敏捷學習（4）

接受挑戰（4）

時間管理（4）

團隊合作（4）

主動積極（4）

理解他人（3）

共同目標（3）

改變思維（2）

關於主管：

培育人才（7）

行動力（7）

團隊影響力（6）

整合與優化（3）

創新思維（3）

專業學習與分享（3）

以身作則（2）

概念思考與表達（2）

接受挑戰（2）

觀察到這裡，讀者們應該可以發現 X 公司未來員工的核心關鍵能力，應該涉及：跨部門溝通（17）、分析思考（11）、發現問題與解決問題（11）、明確的目標（9）、有成果（6）、創新與改變（5）等概念；主管的關鍵能力必須包括：培育人才（7）、行動力（7）、團隊影響力（6）、整合與優化（3）、創新思維（3）、專業學習與分享（3）等概念。

第三階段：能選擇適當的理論框架或工具幫助思考

概念思考的第三個階段必須根據觀察目標，挑選適當的思考框架，進一步反思與消化先前觀察歸納的階段成果。例如X公司相信，打造隨時、隨處能滿足基本民生需求且物超所值的購物場域，就能讓消費者買得方便、買得便宜、買得滿意。

符合X公司需求的框架有兩個，一個是企業領袖，即X公司總經理對未來企業的構想；另一個是已故美國領導學者史蒂芬・柯維（Stephen Covey）所提倡的全人思維理論。

從總經理一對一訪談中，發現公司未來面臨四大挑戰，分別是流程的整合與優化；持續變革的執行力；主管要能帶領團隊，不能只當主管；主管要能培養人才。柯維的全人思維理論中最廣為人知的便是「成功者的七個好習慣」，可以讓一個人從依賴逐漸獨立，進而與他人發展互信互賴的合作關係，七個習慣包含：主動積極、以終為始、要事第一、積極傾聽、雙贏思維、整合綜效、不斷學習。

第四階段：運用精簡的概念構想，表達複雜的願景與價值，即言簡意賅、化繁為簡

　　經過這兩個專家框架的思考，總結出X公司五項核心關鍵能力（能設明確目標、懂思考、會溝通、能解決問題、能敏捷學習）、兩項管理關鍵能力（能推動變革、能培育人才），關鍵能力架構如圖9。

　　經過概念思考的梳理，X公司未來的七項關鍵能力概念背後，都企圖傳達重要的訊息，整理如表4。

表4　X公司關鍵能力

類別	能力主題	操作定義
核心關鍵能力	能設明確目標	了解並認同組織的願景與使命，以推動組織成功為前提，顛覆思維，嘗試必要的冒險與創新，設定明確的目標與方向。
	懂思考	面對未來挑戰與艱難問題時，總是願意多想一步，深入追蹤，將問題拆解，有系統地進行探索比較，找到優先順序、因果關係，選用理論工具，提出高效能解決方案。
	會溝通	以達成目標為前提，理解對方的需求與想法，站在對方的角度思考，有效傾聽並給予回應，發自內心善待任何人，探索不同的創意與觀點，促進雙方的合作，並交出成果。

表4　X公司關鍵能力（續）

類別	能力主題	操作定義
	能解決問題	面對困境，能發現問題、分析問題點與潛在危機，並願意承擔責任，嘗試一切可能，選擇及執行對策，落實解決，並建立規則或系統管理團隊績效，預防再度發生。
	能敏捷學習	面對極速變化的趨勢與科技發展，樂於探索與接納新事物，積極鑽研並整合跨領域的知識技能，改變自己的想法、策略與行動，以因應現況，即使遭遇困難，也能夠從挫敗中學習，快速調整，靈活地應對各種變化與挑戰。
管理關鍵能力	能推動變革	在不斷變化的環境中，運用全局觀，觀察並發現事件的模式或趨勢，選擇理論工具幫助思考，提出新的概念構想，並運用多元策略或方式，精準表達，說服或影響對方，成為未來領導者，領導未來。
	能培育人才	能以身作則，成為團隊的典範，透過不同的角色扮演，關心團隊成員個別差異，適性輔導，實施長期的教育與訓練，授予能力、責任與權力，對好的表現，給予獎勵與激勵，監督進度，要求有好的成果表現，打造符合組織發展的未來人才。

第五階段：針對複雜的問題，能提出新的概念構想，帶來連結意義，傳遞價值願景，誘發行動

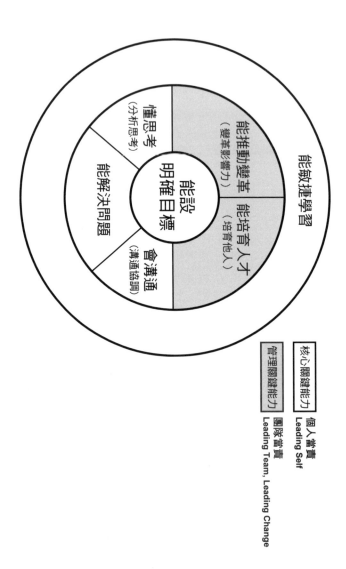

図 9　X公司未來關鍵能力

核心關鍵能力
個人當責
Leading Self

管理關鍵能力
團隊當責
Leading Team, Leading Change

（圖中文字）

能敏捷學習

懂思考
（分析思考）

能推動變革
（變革影響力）

能解決問題

能設
明確目標

能培育人才
（培育他人）

會溝通
（溝通協調）

最後階段，也是我認為最需要創意的階段。反思概念思考一路以來的歷程，以及跟X公司專案小組的相處與互動，我不斷地自問：「到底該如何跟員工溝通？如何說服主管？如何讓大家看見企業未來的畫面？」反覆端詳關鍵能力的概念與定義，突然間，一個念頭閃過腦海：「球隊」，對了！就是它，「球隊文化」。

X公司相信打造隨時、隨處能滿足基本民生需求且物超所值的購物場域，就能讓消費者買得方便、買得便宜、買得滿意。熱情、精實、信任、創新是他們的核心價值。所以，X公司必須成為一支能持續進步、不斷贏球的球隊。

每位主管必須成為教練，不是下場打球，而是懂得挑選隊員，訓練隊員，針對不同賽事制定戰術，決定先發球員，培育替補的板凳球員（接班人才），帶領球隊創造一次次的勝利榮耀。

每位員工都是球員，不是觀眾，必須忠於球隊，參與賽事，展現紀律，持續精進，交出傑出的成績單。企業不是家庭，而是一支想贏球、會贏球，即便在低谷也能逆轉

勝的卓越團隊。

　　這個案例展現了概念思考如何幫助我們提升工作效能、達到顧客滿意度。概念思考到後期需要許多創意，而練習挑戰思考框架（下一小節介紹心智模型會有更多說明）、連結與聯想、隱喻思考，都是啟動創意的有效訣竅。

🏋 心智模型

　　當人們提及「挑戰思維框架」時，一方面講的是分析思考或概念思考中的專家框架，事實上，還有一個框架，就是「心智模型」（mental model）。

　　心智模型，是指深植在我們心中，對於自己、他人、組織及周遭世界的基本假定（假設推論）或意象。每個人都會有心智模型，它會決定一個人觀察事物的視角，並做出結論。心智模型會有意識或無意識地主導我們的思考與行為，甚至將自己的推論視為事實，然而，心智模型往往不完整、不科學甚至迷信。心智模型通常有以下句型：

「一定要……才能……」

「只要……就……」

「……一定……」

「……不如……」

「……只能……不可能……」

常見的心智模型包括：

● 管就是「官」，我說了，他們就一定要聽。

● 多一事不如少一事，只要穩定，就可以減少麻煩。

● 只要不傷和氣，大家都好，就會沒事。

● 年輕人不懂。

● 只要唬弄過去，就會沒事。

● 一定要活下去，再來談發展。

● 只要沒被發現，就沒關係。

● 只要夠努力，就一定會成功。

● 資源有限，只能二選一，不可能兼顧。

● 只要有關係，就沒關係。

● 換腦袋不如換人。

有一個測驗活動，可以讓大家理解心智模式如何影響決策與行為。活動的任務是我會先握著一支筆，然後鬆手，請捉住這支筆，不讓它落地（圖10）。

圖10　接住筆的活動任務

大多數（幾乎全部）的挑戰者都表現出圖11a的舉動，而不是圖11b的反應。我好奇地問：「在完成任務的過程中，腦海中的念頭是什麼？」他們都回答：「沒有想什麼

呀！」「想著讓筆不要漏接！」

我接著問，為什麼沒人採取圖11b的行動，所有人都回答：「不是呀，筆會往下掉呀！」

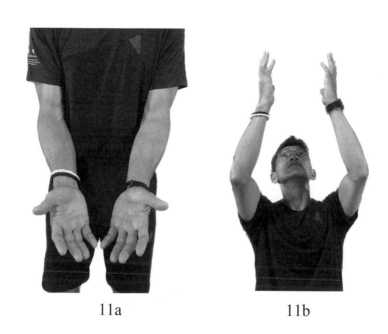

11a　　　　　　　　11b

圖11　人們對任務「接住筆」的反應

是的，這個無厘頭的測驗，凸顯了生活在地球的我們，已經將「東西一定會往下掉」的地心引力視為理所當然，換言之，「東西一定會往下掉」的心智模型，無意識地

影響決策與行為，人們將之視為真理；但是，如果在太空站進行這個任務，這個動作卻顯得荒謬可笑了。

已故美國領導學者柯維提出的「See-Do-Get」模式，認為人們對事物的觀點詮釋決定了行為，不同的行為則帶來不同的結果（圖12）。

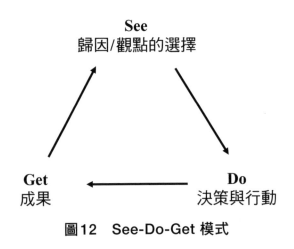

圖12　See-Do-Get 模式

美國史丹佛大學心理學教授卡蘿·杜維克（Carol S. Dweck），在她的著作《心態致勝》（*Mindset: The New Psychology of Success*）一書中介紹了成長心態（growth mindset）理論，她的研究發現，人們的心智模型（或心態）

是後天發展養成，而非天生，而人的心智模型分為兩種：成長心態與定型心態（fixed mindset）。

杜維克教授的研究主要在探討，當遭遇挫折或困難時，人們如何詮釋逆境以及如何反應。定型心態的人會將逆境詮釋為「失敗，這就是我的命運，我沒那個天賦，不可能改變」，於是引發一連串念頭與行為反應，包含：避免失敗，避免露出破綻，避免挑戰，故步自封，沉溺於舒適圈，視任何回饋與批評為對他個人的質疑，不喜歡改變。

反之，成長心態的人面對逆境，雖然失望痛苦，但會將逆境詮釋為「這不是不可改變的命運，失敗會是我的教練導師，只要努力，就一定會進步」，他們面對挫折，會反思及消化失敗的感受，擁抱改變，希望能不斷精進，敢於克服不確定性，視他人的回饋為認識自身極限的契機。

杜維克教授提出的成長心態鼓勵人們相信，學習與成長的關鍵不在於天賦，而在於你的努力，只要努力用功，就可以不斷地成長，什麼東西都學得會。 然而，定型心態讓人特別相信天賦的作用，認為擅長的東西就是擅長，要

是沒那個天分，怎麼學都學不會。

　　不論是柯維還是杜維克教授，都強調一個人對事物的觀點選擇與詮釋，決定了決策品質以及行為成果。分析思考強調如何運用理論架構，概念思考關乎如何建立或發展理論架構，而心智模型則是一個人對世界萬物的詮釋。

重點整理

1. 推論階梯：大腦決策迴路的美中不足

推論階梯，讓我們總是認為自己的想法是對的，那些不同意自己的人，就是搞不清楚狀況。我們先天的思考決策流程，存在著美中不足的天生缺陷：未經訓練的大腦，總是喜歡先入為主、射箭畫靶，甚至自欺欺人。

2. 溝通品質的好壞，取決於能否覺察推論階梯的本能反應

溝通是人與人之間「教」與「學」的互動歷程，目的在於幫助人們建立良好關係，解決問題，促進合作，創造價值。我們必須積極並敢於覺察推論階梯的本能反應，避免先入為主的主觀判斷，超越推論階梯的本能反應，開啟傾聽與回應的正向循環，進行對話。

單向控制型的溝通，容易有過多主觀的價值判斷附加在對方身上，就如同還沒根據證據開庭審訊前，

便將對方判刑，而對方可能是無辜的，最後所付出的代價，不但會失去對方對自己的信任，甚至造成更多不必要的矛盾衝突。

共同學習型的溝通者，透過學習及刻意練習，能以尊重、開放、信任為基礎，根據明確的事實，展現同理心，理解並尊重他人不同的意見和理念，超越推論階梯的本能反應，不論教的人（給予訊息的一方）還是學的人（接收與解讀的一方）都願意共同學習，教學相長，培養溝通默契，與他人建立良好的溝通關係與歷程。

3. 認識後設認知，學會跳出思維框架，提升思維品質

系統一的思考，反應快、不費力、易犯錯；系統二的思考，反應慢、耗能、但可靠。後設認知，也就是系統二思維，是一個人引導、管理、控制自我思考的能力。後設認知可以簡單分為三類，分別為分析思考、概念思考以及心智模型。

分析思考，又可以稱之為系統思考，顧名思義，就是將問題細分成許多小部分，有系統地將一個問題或事件的各個部分組織起來，有系統地比較不同的特性或構面，依據理性設定優先順序，找出時間的順序和因果關係。分析思考談的是如何善用理論框架，分析問題現象。

　　概念思考，是站在大格局的高度，鳥瞰全局，藉由拼湊局部片段，來理解一個狀況或問題，進而找出事件或瑣碎資訊之間的關聯性或模式，提出概念構想，而這些概念構想總能帶來化繁為簡、創造連結、提供意義的效果，能注意到他人沒注意到的差異或矛盾，並迅速把握問題的關鍵，採取行動，帶來改變。概念思考講的是，如何針對現象事物，建立理論框架。

　　心智模型，是指深植在我們心中，對於自己、他人、組織及周遭世界的假設推論，但人們常常信以為真，而且以它們為前提，建構一個屬於心中的世界觀。心智模型是我們對世界的詮釋，也是一種選擇，

不同的詮釋，洞見不同的遠景。

4. 後設認知，即認知的「認知」，是一種戴眼鏡、換眼鏡的能力

如果把圖4數三角形的測驗比喻成工作任務，可以將職場人士簡單地分為三類：

第一等工作者（辛苦的打工仔），直接算（事實上沒把握可以算對）。

第二等工作者（高效管理者），思索與設計每次都能算對的邏輯與流程，幫助團隊成員都能算對。

第三等工作者（團隊領袖），反思任務目標的意義（為什麼要數三角形？），洞見持續成長的商機與策略。

後設認知（系統二作用），是一種戴眼鏡、換眼鏡的能力，也是可以刻意訓練培養的能力。希望透過本章的介紹，幫助讀者朋友遠離第一等工作者，成為第二或第三等工作者。

第 3 章

思考會有慣性嗎？

「習慣」就是刺激與反應之間的穩定關係，

大腦的天性為了節省時間，

會建立快速反應的神經連結，成為一種慣性；

但是，神經元連結的模式，

既然可以發展建立，就能重組再造。

07

大腦是一張電網，既容易形成模式慣性，又可以重塑連結

　　思考到底會不會有慣性呢？答案是肯定的，人不僅思考有慣性，行為也有慣性，但是，這些慣性都可以突破。全球著名的腦科學家麥可‧葛詹尼加（Michael S. Gazzaniga），被譽為「認知神經科學之父」，在他的著作《我們真的有自由意志嗎？》（*Who's in Charge?*）一書當中，他認為人們每天從起床開始，就要做出很多決定：今天要穿什麼、午餐要吃什麼，左思右想才做出決定。但是每天的選擇，真的是自己決定的嗎？

　　從微觀來看，大腦就是一個神經連結的電網，藉由神經元之間的化學反應形成的電流脈衝，接收外界訊息、驅

動體內的各項系統及功能，包含思考。葛詹尼加思索著，思考的過程會不會只是隨機的神經衝動？會不會我們以為的自由意志，根本就是直覺反射與其他無意識慣性反應下的幻覺？

大腦「用進廢退」及「神經可塑性」的運作原則，造就人的無限可能。長期旅美學者游伯龍教授，在其著作《HD：習慣領域：影響一生成敗的人性軟體》書中，介紹了以腦神經科學及心理學為基礎的「習慣領域」，說明人們的大腦是由許許多多的神經元，以電網形式所構成。

新生兒的腦部擁有將近一千億個稱為神經元的腦細胞，大腦電網代表人類的腦力有無窮的潛能，而電網的密度越高，新知識（或資訊）越不容易流逝，也就越有創意。打個比方，如果把知識能力比喻為一杯牛奶，讓牛奶分別流過篩子及海綿，哪一個物件上能留下較多的牛奶？答案顯而易見是海綿，可見大腦電網越密，能力越強。

大腦是活生生的器官，會學習如何學習，也有它的胃口，只要有恰當的營養和練習就可以逐步生長，並自

我改變。美國腦神經科學家麥可‧莫山尼克（Michael Merzenich）借用加拿大心理學家唐納‧海伯（Donald Hebb）的觀念，認為學習會使神經元產生新連結，若兩個神經元持續同時發射（或是一個發射，引起另一個發射），這兩個神經元都會產生化學變化，進而緊密連結在一起。

大腦藉由神經元活動，進行所有可能的重組與連結，以達到去蕪存菁、用進廢退的效果，多刺激就會多成長。有研究指出，人類有很大部分的神經元處於沉睡（未使用）狀態，原因在於大腦電網疏離，缺乏練習帶來的刺激，這些沉睡的神經元如果能夠被喚醒，人的能力便可獲得提升。總之，如果願意學習與刻意練習改變，人、團隊、組織都有無限可能。

08

「習慣」是怎麼（學）來的？

　　習慣一詞常常出現在人們的對話當中，但是，大多數人不了解的是，我們常常受習慣性（或稱慣性）所制約，而無法成為自己的主宰。有了大腦電網的概念後，游伯龍教授運用四個核心概念，幫助人們認識什麼是習慣，以及它如何被學習與發展。

　　首先要認識**潛在領域**（potential domains），指一個人的大腦當中所有可以運用的電網區域，也代表了一個人可以突破的無限可能性。換言之，潛在領域指腦海中所有可能產生的念頭思路，或者腦海中所有大腦電網的總和。打個比方，潛在領域就好像手機裡的整個記憶體，裡面儲

存了許多資料（好比我們的整個大腦）。

接下來了解**實際領域（actual domains）**，指的是此時此刻占有我們注意力的念頭思路。好比當你一個人獨處工作時，想用手機撥放一些歌曲音樂營造氣氛，被你挑中的那首曲子，就像大腦實際領域發生作用的具體表現。另外像是這些習慣反應：

「當有人在我的專業上指指點點時，我時常會感到被激怒。」

「當壓力大的時候，我總是會想抽一根菸。」

「當主管責問我的時候，我都覺得他不喜歡我。」

「當我很累的時候，總是沒有耐性。」

這些念頭也都是大腦實際領域發生作用的具體表現。

再來是**可達領域（reachable domains）**。由於實際領域電網的運作，往往會誘發一連串想法念頭。這些延伸出來的念頭思路就是大腦中的可達領域，下面是一些連鎖反

應的例子：

「當有人在我的專業上指指點點時，我時常會感到被激怒，容易遷怒別人。」

「當壓力大的時候，我總是會想抽一根菸，想找人喝幾杯。」

「當主管責問我的時候，我都覺得他不喜歡我，不想聽他說話。」

「當我很累的時候，總是沒有耐性，動不動就生氣。」

最後還要知道**可發概率**（ activation probabilities ）。可發概率指的是當刺激出現時，每個大腦電網實際上占有我們注意力的機率，機率越高，習慣越強。

嚴謹地說，一般人所說的習慣，是指那些強而有力的電網（實際領域）所產生的行為，習慣只是人類實際領域的一部分。

09

習慣，既然是後天習得，
就能突破與改變

　　「習慣」這個概念雖然時常出現在人們的對話當中，但能理解習慣是怎樣發展學習而來，以及如何才能改變不良習性的人卻很少。國立台灣大學心理學權威柯永河教授，在數十年的學術研究及臨床輔導中，提出「習慣心理學」的構想。柯永河教授的看法，與旅美學者游伯龍教授的諸多研究結論不謀而合，柯永河教授主張「習慣」就是刺激與反應（行為）之間的穩定關係，他認為一個人能否成功或幸福的關鍵，在於好念頭、好習慣與壞念頭、壞習慣的多寡。圖13以一個簡要的公式，說明了習慣對於人的影響。

　　不論是人際關係、生活效能、工作效能的**績效表現**

圖 13 習慣（突破慣性）公式

習慣：刺激與反應之間的穩定關係

Inhibition

舊經驗包袱、抱怨、指責、
卸責、迴避、觀望、脆弱、
負面潛意識、習得無助……

分散專注力的負面念頭

$$P = (H \times D) - I$$

績效　　習慣　　意圖　　抑制性
表現　　行為　　動機　　自我干擾

P：Performance 績效表現

H：Habit 習慣行為（刺激stimulus與反應response之間的穩定關係）

D：Drive 意圖動機

I：Inhibition 抑制性自我干擾

（Performance），都跟以下三個因素有著密不可分的關係。

首先是**意圖動機（Drive）**，也就是對於目標任務的認同與承諾感，一個人對於獲得成果的意圖越強，越有助於成功；第二是**習慣行為（Habit）**，意指針對目標成果，人們是否具備相應的能力與行為習慣；第三是**抑制性自我干擾（Inhibition）**，有別於前兩者的正相關性，當面對目標任務時，一個人如果出現抑制性自我干擾，越不利於獲得目標成果，這些自我干擾的念頭包含：抱怨、指責、卸責、迴避、觀望、掩飾、否認、舊經驗的包袱、習得無助感、負面潛意識……等。

🏋 案例：企業主管如何為團隊建立當責文化

舉一個職場中的例子。在西方的管理概念裡面，責任感可以分為三個層次，分別為卸責（pass the buck）、盡責（responsibility）、當責（accountability）。撇開卸責不談，可以將盡責定義為「針對任務，有責任採取行動並付出，

以獲得成果」，而當責是「針對任務，確保自己及相關人員採取積極行動並努力付出，以獲得更好的成果」。

想像你作為一位企業主管，這時你的習慣公式會是：

- **績效表現（Performance）**：指團隊需要達成的目標成果，表現越好，P值越大。
- **意圖動機（Drive）**：指主管希望建立團隊當責工作文化的意圖動機，動機越強，D值越高。
- **習慣行為（Habit）**：根據當責的操作定義，團隊當責的任務布達有四個訣竅：首先，要明確地描述任務，定義預期成果以及相應的高標準。第二，能列出並選定所有會幫助取得成果的角色對象，做好溝通，讓所有人對共同目標，取得認知上的理解與共識。第三，進一步透過溝通的影響力，說服所有人對目標有情感上的認同感與承諾。最後，積極建立有效的流程、方法、步驟，帶領團隊主動積極與付出行動，追求傑出的成果表現。主管若能根據以上

當責的操作定義，熟練地表現，代表圖13中的H值有高分表現。

- **抑制性的自我干擾（Inhibition）**：以下這些念頭思路，都可能會分散主管取得成果的注意力，包括：

抱怨指責他人（都是他們……）

卸責（這不是我負責的……）

迴避問題盲點（還好吧、沒差啦）

冷眼觀望（不關我的事）

碰觸了自己的脆弱面，產生防衛反應

負面潛意識（絕對不可能）

習得無助（我哪有辦法……）

舊經驗包袱（我以前都是……、以前我們公司都是……）

習慣公式「P＝H×D－I」不只說明一個人如何可以表現傑出，也可以套用至團隊，甚至整個企業組織如何提高

競爭力。團隊績效（team performance）來自團隊的共同目標及士氣（D）以及高效的工作方法及流程（H），必須降低負面心態的影響（I）。企業競爭優勢（business performance）來自公司具備激勵人心的遠景使命、策略主張以及高績效的工作文化（H），且必須嚴格管控官僚老化心態的負面影響（I）。

🏋 案例：媒體主管如何讓記者改善拖延習慣

另一個例子是，一位媒體公司的高階主管，對員工的表現做出這樣的評論：

> 一個工作者的「順手完成」習慣，代表他對時間管理的態度。一個工作者若把時間視為稀缺資源，就不會放任自己任意累積待辦事項，而是會把握每一分鐘可完成的工作，今日事今日畢，絕不讓自己拖延上癮。

以採訪工作為例，有許多記者高度依賴錄音機。他們認為有錄音機在，只要回公司再聽打逐字稿即可。但這個習慣會讓他們在採訪時鬆懈，既不現場記錄重點，與受訪者問答時也不夠專注，甚至聽不懂還不提問。

我揣摩這類工作者的心態，他們多數不夠急切。因為他們覺得時間還夠，因此給了自己很寬鬆的標準。

這時記者的習慣公式會是：

- **績效表現（Performance）**：指記者於期限前提出合格的稿件。
- **意圖動機（Drive）**：指記者希望有效率地完成任務的意圖動機。
- **習慣行為（Habit）**：指記者「今日事今日畢」，養成隨手做紀錄的習慣。

- **抑制性的自我干擾（Inhibition）**：指記者「時間還夠」
  的心態。

習慣不好的記者，採訪後不外乎三種狀況：

第一，一小時採訪打了三小時的逐字稿，三個小時採
訪就花了一整天打逐字稿，效率奇差無比。

第二，重聽錄音時，發現有些關鍵沒有問到（當時沒
認真追問，現場又沒有即時整理歸納內容，或者不敢追
問），所以稿子寫得不順被退，需要重新補訪，效率也低。

第三是最慘的狀況，回來後發現沒錄到音，若當場沒
做筆記，自己記憶力又差，就徹底變成一場悲劇了。

有菜鳥記者反駁說，因為自己沒經驗，很多談話聽不
懂，為了先專注聽懂，因此放棄同步記錄，先依賴錄音
機，這當然情有可原，然而要警覺的是，媒體主管強調：
「習慣是一條巨纜，我們每天都在編結其中的一條線，最
後我們已經無力弄斷它。」

🔗 案例：編輯如何改善拖稿習慣

還有一個例子，一個做了六、七年的編輯，由於沒有獲得升遷，就決定離職了。總經理好奇的是，這位編輯的企劃及管理能力都不錯，是個相當不錯的人才，為何會離職？

他的主管告訴總經理，他有一個致命缺點：稿子總是遲交或晚交，弄得編輯部痛苦不堪，主管也曾經告誡幾次，但都沒有什麼效果。所以，這一次在編輯部升遷時，本來也曾經考慮到他，但是遲交稿的問題，使他最後被放棄了。

總經理問完了他的主管，覺得還有所不足，決定再約這位編輯見面聊一聊。他十分謙虛，坦承是因為面子掛不住，才會辭職，對這裡的工作環境，他十分喜歡；對總經理約他見面聊，他覺得很意外，很謝謝總經理的關心，當提到他拖稿的問題時，他完全承認這是他的問題，只是他不知道這件事影響這麼大。

總經理告訴他，如果他沒有遲交稿的問題，公司有考慮要升他，只是他拖稿太嚴重了，所以才被犧牲。

　　聽到這裡，他感覺非常意外，他認為遲交稿只是件小事，怎麼會影響到升遷呢？而且他說遲交稿這件事，他完全可以改正，只是他沒有意識到這件事的嚴重性，所以一直沒有改，對沒有改正延遲交稿這件事，他十分懊悔。

　　總經理覺得有必要再找編輯的主管了解狀況。主管表示，他告誡了該編輯許多次，也告訴過他這件事的嚴重性；他不改正，整個編輯檯都會受到影響。

　　總經理問主管：「你有說過這件事不改，會影響到他的升遷嗎？」主管回答沒有，事情進行到這裡，總經理確定主管有糾正，也有告誡對方，只是告誡的強度還不夠。

　　一個做了六、七年的編輯，竟然拖稿拖了六、七年，一直沒被糾正，這個主管絕對有問題，沒有負起做主管的責任，像這樣的劇情，比較合理的結果是給他三年的時間，就要改掉拖稿的習慣，至於這三年期間要怎麼糾正他，每一個主管都可以有自己的方法。

對主管而言，我的剖析是：

- **績效表現（Performance）**：透過組織升遷計畫，改善部下績效表現，發展人才。

- **意圖動機（Drive）**：指主管希望改善部下績效表現，發展人才，幫助企業成長的意圖動機。

- **習慣行為（Habit）**：指主管明確指出錯誤，告知錯誤思維與行為可能會造成的影響後果，同時示範及要求正確有效的思考框架與行為。

- **抑制性的自我干擾（Inhibition）**：指主管無奈或迴避的念頭（覺得以前都說過了）。主管抑制性自我干擾的念頭，容易造成對於編輯的消極告誡，而非積極發展，對該企業高階主管而言，失去了一個不錯的人才。

換一個角度，對編輯而言，我的推論是：

- **績效表現（Performance）**：指編輯在企業的績效表現與未來發展。

- **意圖動機（Drive）**：指編輯希望有效率地完成任務的意圖動機。

- **習慣行為（Habit）**：指編輯的企劃及管理能力。

- **抑制性的自我干擾（Inhibition）**：指編輯「沒那麼嚴重吧」的心態，造成屢屢遲交的行為習性，不但無助於交出傑出成果，事後看來，反而成了阻擋自己升遷的絆腳石，加上「面子」問題，憤而離開自己覺得環境不錯的優質企業。

類似的案例屢見不鮮：

- 一位主管希望製造生產流程升級與優化，但總被急躁、自我中心，以及「事情做完就好」的迴避心態所累。

- 一位工作者自我期許成為高績效管理的主管，但是

「做不到，就找藉口妥協」的心態，總是讓他半途而廢。

- 一位企業內的專家，一直希望取得該領域更高的專業認證，但「等有時間再說」的念頭，拖延了長年的夢想目標。

- 一位主管其實很希望能為公司做出貢獻，但是「又不是我的責任」的心態，總是讓他對公司的困境冷眼旁觀。

- 一位業務主管期許自己能有好的外語能力，可以在海外市場有傑出表現，但是「沒做到也不會怎樣」的念頭，讓他總是在關鍵時刻饒過自己，對自己手軟。

- 一位採購主管深知自己的職務，就是要在與供應商的議價中，為公司取得成本優勢，幫助公司獲利；但當廠商代表面露難色時，腦海中總是浮現「不要太過分」、「大家好相處」的念頭，不再堅持立場，沒有持續要求廠商改善，總是在事件過後懊悔

不已。

- 一位工作者常常浮現「我做不到」的念頭，讓他總是無法堅持下去。

- 一位主管知道必須培養自己的接班人，但是問題一來，總是產生「我做比較快」的念頭，明明應該是球場上指導球員改善工作效能的教練，卻變成下場打球的球員，這只證明他是位有才華的球員，但卻是個不敬業的教練。

- 一位團隊領導者明知自己有責任帶領團隊有效地解決問題，但是「只要客戶不吵，就先安撫一下就好」的心態，讓他遇到問題，總是只憑直覺反應，沒有進行分析問題、解決問題的企圖與流程行動，長期下來，導致客戶對該公司失去了信心。

- 一位資深的主管為自己設定強化時間管理的目標，但數月過後才發現，手機成癮才是導致失敗的關鍵，可怕的是，他手機成癮的狀況不是第一天才知道，但自身的慣性思維卻是設定一個新目標，容許

自己仍然自在地使用手機，造成改變無效。

　　亞里斯多德說：「重複做的事造就了我們；因此，卓越不是一次行動，而是一種習慣。」心理學大師柯永河教授也給出了建議：「好念頭、好習慣多於壞念頭、壞習慣的人，容易得到他們想要的成功或幸福。」。刻意練習自我反思，才能更敏感地覺察會阻礙自己成功的思想或情緒。刻意要求自己將資源、注意力及行動都投入能獲得成果的正面因素，也就是持續擁有希望取得成功幸福的企圖動機，以及能培養交出傑出成果的好習慣。

10

改變的關鍵：反思

雖然思維或行為都有慣性，但是依然可以改變。事實上，深度反思不但能強化大腦電網，又能發展後設認知（成為高電網密度的海綿腦，詳見第2章），也就是提升系統二思考的能力，避免容易犯錯的系統一直覺反應。

學貫東西的台灣大學鄔昆如教授認為，西方人做學問重視思考方式、邏輯思辨、明瞭其道理；而東方人做學問，講境界、論體驗、注重背誦，從生活中慢慢體會領悟。

從東西方思想文化的發展都可以發現，不論是東方國家的思想學問，還是西方國家的教育哲學，都離不開在生活中觀察反省、在生活中實踐，進而不斷地累積知識與智

慧，成為在社會國家中有美德、有道德的人。

🏋 東西方思想裡的反思

國學大師南懷瑾老師認為，研究中華固有文化並非開倒車，而是要以最新的觀念，去重新理解它。例如要研究東方人做學問，可以從孔孟儒家的思想下手；而研究孔孟儒家思想，則必須從論語下手。

《論語》的第一篇〈學而篇〉，談的是做學問的內在修為，記錄了當年孔子教學的目的、態度、宗旨及方法：

子曰：「學而時習之，不亦悅乎？有朋自遠方來，

不亦樂乎？人不知而不慍，不亦君子乎？」

南懷瑾老師認為「學而時習之」，重點在時間的「時」，和見習的「習」。孔子強調「學問」的宗旨是隨時隨地學習，便可以有得於心，會心微笑。一般人認為讀

書就是學問，這是錯誤的。「學問」在儒家的思想裡，不僅是文學素養好或知識淵博，因為一個人即使一個字都不認識，也可以有學問，只要「做人好」、「做事對」，而且是「絕對地好」、「絕對地對」，就是有學問。

那麼學問從哪裡來呢？學問不是文字，也不是知識，學問是從人生經驗而來，以及做人做事上的體會。生活就是書本，都是我們的教育來源。孔子曾說「觀過而思仁」，看見別人犯的錯，自己便要反省，不要犯同樣的錯，這就是學問。隨時隨地有思想，隨時隨地要見習，隨時隨地能反省，這就是學問。

相較於東方，西方哲學講求「知物」、「知人」、「知天」。「知物」指的是了解這個世界，要了解世界，通常是以自然科學的方法。「知人」，就是人與人之間的關係，會發展出倫理學、人類學、社會學。「知天」，指人和天的關係，發展出宗教和神學。西元前古希臘哲學家柏拉圖（Plato）提出「理想國」（The Republic）的概念，成為西方社會與教育研究的重要基礎。

對於教育的看法，柏拉圖認為年輕人「美德」（virtue）的養成，是透過社群或社會互動，從實作中精益求精、止於至善的歷程，如果要真正搞懂一件事或學會一項技能，就應該透過經驗直接體會，就像訓練陶匠，就要讓他們實際製作與創造陶作；訓練戰士，就讓他們上戰場觀戰，觀察與體會戰士的英勇一般。

近代美國教育及哲學家約翰·杜威（John Dewey），主張「生活即教育」，認為「知」（quest of knowledge）的本質就是一種探索（adventure）的歷程。杜威認為一個人的能力素養，來自實踐與反思不斷重複迭代發展而來。

🏋 反思的四個層次

美國學者克里佛·柯奈普（Clifford E. Knapp）認為，反思（processing）是一種思維的管理（management of thinking），但是有想法，不代表懂思考。我們該如何判斷反思的品質呢？這裡介紹一個很簡單的思考框架，幫助大家慢慢練習

體悟，自我覺察，深度反思。

如果以反思時的觀點與注意力，以及概念化程度作為比較的維度，可以將反思簡單地分為四類（圖14）。

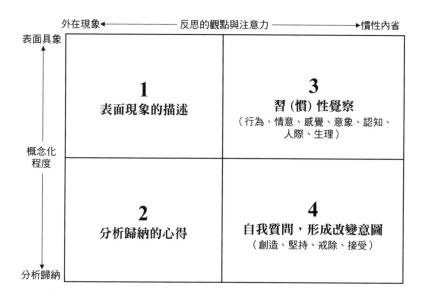

圖14　反思層次

首先，**層次一的反思**，指的是一個人反思的時候總是關注外在世界的細節，沒有使用太多概念化的思考，陳述時總是在描述表象。如果以學生閱讀一本書為例，層次一

的反思就是在不帶主觀意見的前提下，為這本書做出重點摘要，讀到什麼，就說／寫什麼。以下是更多反思層次一（表面現象描述）的例子：

「每次課程設計都看得出充滿了巧思，而且掌握了人性的心理，讓我們學習從各種錯誤中，理解教練企圖傳達的訊息。就像這次丟球的活動，與其在課堂上說教，不如讓我們親身體驗錯誤的認知會帶來什麼後果。我很喜歡這種教學方式。」

「這次課程中，印象最深刻的就是早上的丟球活動，所有的球分成四種顏色……具有領導長才的同學，願意站出來給大家意見，全班成績一飛沖天，這個過程讓我深刻地了解，一個好的領導者讓人上天堂，一個草包的領導者會讓我們住套房。」

層次二的反思，指一個人反思的時候雖然關注外在世界的細節，但能使用概念化思考，將所見、所聞、所體驗，轉化歸納為自己的心得見解。以學生閱讀一本書為例，層次二的反思便是基於閱讀的體驗，提出自己歸納、比較、分析後的結論構想。以下是更多反思層次二（分析心得歸納）的例子：

「團隊的成員屬性各異，團隊的成功也需要多元特性的人才。檢視團隊成員和自己的風格，我看到了團隊的優勢與劣勢，哪些是我們要吸引的人才，哪些成員需要再強化哪些項目。重點不在我們擁有完備優秀的成員，尤其我們這樣傳統的產業，年代久遠的公司，不易招募各路菁英，但是我們知道，重點是如何讓團隊成員發揮長處，讓團隊發光發熱。」

「IDEAS的概念[1]」，是透過主張（開場）／定義／例子／論證／意義，先建骨架，由此再擴充，補充血肉，把溝通內容完善。應用在開會、簡報，或是訂定工作目標時，運用這個工具可以快速整理思維，建立大綱，增添細節，也有助讓溝通更精準；當發生內容冗長或面臨思考僵局時，也有助於收斂和檢視邏輯。反向操作，透過這個結構，在被動接收資訊時，也有助於抓出重點，找到問題和問對問題，無論是對上或對下溝通，都可以運用得到。部門在開內部會議時，成員思路大多天馬行空，在鼓勵發揮創意的同時，一般的議程特別適用這個技巧，來增加會議效能。說不清楚做不到，無法衡量不存在，看似簡潔清楚的IDEAS技巧，要精熟成為系統二的慣性，還需要經常的演練和時時檢視，才能達到頭好／中頂／尾精的最高境界。」

---

[1] IDEAS，指精準表達架構，五個英文字母分別代表：Issue主題、Definition定義、Example舉例、Argument論證、Significance重點結論。

層次三的反思，指一個人反思的時候，能將注意力由外而內地關照自我，沒有過多概念思考的技術，只專注探索自己特定的感受、思維、行為模式對自己與他人帶來的影響。以學生閱讀一本書為例，層次三的反思可以幫助學生在閱讀過程中，把作者提倡的想法理念或專家框架，套用在自己身上，像是一面鏡子，藉此認識自己、接納自己，理解自己思維與行為帶來的意義與影響。以下是更多反思層次三（慣性覺察）的例子：

> 「我發現過去的我，常因為沒有對該堅持的東西下定義，而總是在關鍵時刻出現一些失誤……。另外，我發現這次在挖掘自己的舊有思維或是慣性時，真的需要用很大的勇氣去面對，當自己能去想這些事情並面對它，我想這已經是一件過去不太敢做的事情。」

> 「上課時，教練透過一個遊戲，很具體地讓我們

親身感受到系統二到系統一是什麼樣的過程，即使開始前已經明示要用系統二來玩這遊戲，但真正開始做，還是忍不住會回歸系統一的做事模式，知易行難。過去我沒有這樣的概念，但現在既然接受了這概念，就開始堅持去行動，去養成習慣。在這次的OGSM學習中[2]，我不斷克制自己不要用系統一的方法去做，以過去經驗來說，我覺得就是要寫行動方案，但系統二的方法是必須按照策略順著寫下去，才會是準確高效的行動，如何邏輯性地承上啟下寫出策略，對我來說很有難度，但是我發現寫第一個策略是最慢的，後續可以越寫越快，當寫的順序、檢查順序邏輯……慢慢變成一種系統一的過程，我發現從某個角度來看，也像是另一種心智模式的改變。」

層次四的反思，指一個人反思的時候，不但能將注意

---

[2] OGSM為目標管理工具。

力由外而內關照自己，還加上概念思考的能力，進行自我質問與剖析，提出「下一步是什麼」的新見解。換言之，如果學生在閱讀過程中，能經歷層次三的自我慣性覺察，便更容易來到反思層次四，思考自己的下一步是什麼，以及如何將書中的觀點與理論，實踐或實驗在生活與工作當中，建立自己邁向目標或獲得幸福的成功之道。以下是更多反思層次四（自我質問形成改變意圖）的例子：

> 「在撥雲見日圖的討論裡……這幾年工作下來，我常常努力去理解對方，站在對方的立場思考，以為這樣就已經做到將心比心，對方也應該就能與自己達成共識，但是經由這些解方的思考脈絡才明白，可以做的討論及溝通還有太多太多，尤其是我們在練習挑戰對方立場的那一段，常常還是拿自己的賣點去挑戰對方，根本是錯誤的，這對我而言是好大的啟發，原來，我原本的同理，還是站在自己的立場，想用自己的賣點去說服別

人，這樣別人如何信服？最後的第三妙策更是一絕，我們常常陷入二擇一的僵局裡，其實可能有更多更好的方案，而非在僅有的框架中打轉。」

「經過課堂學習領導變革三階段，反思在我們現有的組織下，是不可能談創新的。回想撲克牌遊戲時，有很多時候腦袋都空空，光是顧後，卻忘了前面提供的重要資訊。這不就是我現在的感覺嗎？我面臨著三重挑戰：第一，思想誤區，發現我的經驗或喜好不一定是最適合團隊的解法，因此面對狀況需求，即便心中已有特定的回應方式，仍要先停下來思考一下，進一步反問他們的需求目的是什麼，這樣才能確保我的意見回饋，能夠滿足對方期待、解決對方的擔心和疑惑。謹記『經驗無助於未來，就是 I（抑制性自我干擾）。』而現在團隊週會以 OGSM-ARCI 來報告進度已快兩個月了，我努力只專注於結果進度，試

著少詢問過程，多點空間讓團隊發揮，設定手機提醒，時刻避免掉入思想誤區，頻繁切換自己的思考切入點，保有自己的客觀性，這樣他們感受到我的信任及肯定，會更有安全感、更有自信。我發現現在團隊來求救時，已經思考評估過可能性，帶著選擇題來找我了。」

層次一及層次二屬於啟發型（或學習型）反思，說明當事人專注於表面的學習，也許可以從學習活動中得到啟發，但是距離思維或行為改變的突破還有一段距離。

然而，層次三及層次四反思，屬於發展型反思，到了這個階段，學習者已逐漸將學習經驗內化，萃取轉化為對個人有意義的概念構想，能激勵學習者設定目標、設計改變計畫。

重點整理

1. 用進廢退，神經可塑

　　大腦的神經可塑性，讓我們可以藉由神經元活動的重組與連結，只要願意學習以及刻意練習，大腦「用進廢退」（神經元連結越練習就越進步，不用就會沉睡）的原則，讓人們都有無限可能。

　　從另一個角度而言，大腦的天性為了節省時間，會建立快速反應的神經連結，成為一種慣性，如果是行為，就是行為模式，如果是思考，就變成了思考（或決策）模式。但是，神經元連結的模式，既然可以發展建立，就能重組再造。

2. 習慣就是刺激與反應之間的穩定關係

　　每個人（的大腦）都是獨特且唯一的，成長過程中由於外在環境的刺激，啟動活化大腦實際領域（actual domains）及可達領域（reachable domains）

的神經元活動，逐漸形成行為或思考的模式慣性，總之，習慣就是刺激與反應（行為）之間的穩定關係。

　　一個人在生活、工作與人際關係的成果表現，取決於三個因素：第一，追求目標的意圖動機；第二，針對目標成果，是否具備相應的能力與行為習慣，這兩個因素都與成果好壞有正面關係；第三，抑制性自我干擾，對目標成果而言是負面影響，越是出現抑制性自我干擾的負面念頭，越會阻礙成功。

3. 反思的四個層次

　　反思分為四個層次，層次一是描述具象事件，層次二是一種歸納分析的心得，層次三展現一個人能覺察自身思維及行為慣性，層次四是對自己進行質問，進而形成改變的決定及行動計畫。層次一及層次二屬於啟發型（或學習型）反思，層次三及層次四為發展型反思。

第 **4** 章

思考，就像上健身房

大腦訓練與肌肉訓練的歷程雷同，

需要有目標、有計畫、有紀律，

經過定期檢視與反思，最後交出成果，

這些都可以透過三階段與三步驟達成。

11

有目標、有計畫地訓練大腦肌肉

　　威廉・詹姆斯（William James）是十九世紀後半期的頂尖思想家，也是美國歷史上最富影響力的哲學家之一，更是傑出的心理學者，被譽為「美國心理學之父」。

　　詹姆斯主張的實用主義哲學觀，簡單地說就是，「真理」（理論）其實只是人們思考的權宜之計；「道德」只是人們建立行為準則規範的權宜之計，所謂理論或道德的判斷標準，是在於能否解決問題或創造長遠價值。

　　全球知名的心理學家米哈里・契克森米哈伊（Mihaly Csikszentmihalyi），於 1970 年代開始研究心理學，終其一生都在探索人如何追尋生命中的幸福與卓越，今日已成為正

向心理學研究的先驅與標竿。契克森米哈伊在其著作《心流》（Flow）中說明，心流指的是一個人內在經驗的最佳狀態（意識上和諧有秩序），也就是說，當一個人把所有意識和注意力，毫不保留地用在追求個人目標上，沒有任何意識脫序現象，如行雲流水般，也沒有威脅需要防備時，便達到了心流狀態。

回想我們為什麼做某些事會特別感到有樂趣？是因為當事人做那件事的當下，只想單純做好那件事，沒有其他的企圖，長時間的專注讓當事人忘記時間，呈現一段忘我的境界，當事情告一段落時，突然一回神，雖然不免感到辛苦，也會驚嘆「時間怎麼過得這麼快」，這就是心流帶給我們生活（甚至人生）的精彩之處及幸福之道。契克森米哈伊數十年在世界各地的長期研究發現，心流可以發生在身體上、思想過程、工作中、獨處時以及與他人的相處經驗當中。

綜合詹姆斯以及契克森米哈伊的論點，可以得到一個構想：思考的目的在於解決問題、創造價值，追求生活的幸福境界，是不斷藉由做中學（經驗）、錯中改（反思後延

伸思考所產生的新見解）的迭代歷程（圖15）；但是，從第2章的討論中可以知道，一個人有想法（可能是系統一的直覺反應或經驗的刻板記憶），不代表懂思考（後設認知，即系統二的深思熟慮）；第3章的討論也讓我們理解，不論是哪一種層次的思考，都是大腦的學習活動，容易因為長期間在相同或類似環境因素的誘發下（受刺激而後反應），進而發展成慣性模式，但也可以藉由神經可塑性及用進廢退的大腦原理，進行重新連結及重組，打破思維框架，帶來創意，提升思考的品質。

在行為科學領域中，有效的行為改變有五個訣竅：有目標、有動機、有提示、容易做、有甜頭，養成深度思考的習慣原則亦然。美國著名心理學家安琪拉・達克沃斯（Angela Duckworth），在其著作《恆毅力》（*Grit*）中特別強調一個人的成功與否，智商、天分或努力都不是關鍵，關鍵的是能夠緊咬目標，展現持久熱情的堅持與毅力。

透過恆毅力而自我精進的四個步驟是：首先，願意設定大膽的目標，讓自己暴露在嶄新且有挑戰性的處境

圖15　經驗學習思考迭代示意圖

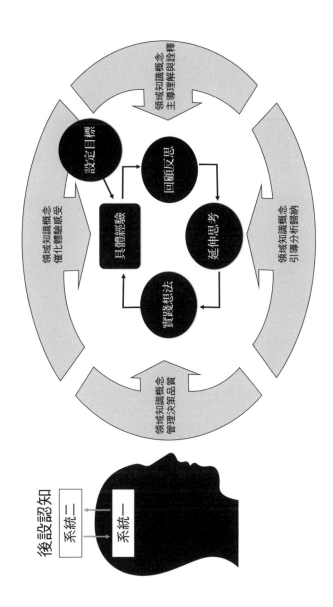

中；第二，避免盲目地練習，先掌握訣竅，再進行刻意（deliberately）練習；第三，透過專家積極獲得即時且直接的回饋，以修正想法、做法；最後，挑戰壓力過大時，將大目標化成小目標，可以改變做法，但不能改變目標，一步一步朝目標邁進，持久堅持不放棄。

這個歷程讓我聯想到在健身房的訓練過程，發現大腦訓練與肌肉訓練的歷程雷同，訓練思考能力，就好比上健身房一樣，需要有目標、有計畫、有紀律，以及定期檢視與反思，也同樣需要交出成果。

以我自己為例，由於熱愛戶外活動，從學生時期至今都有運動習慣，主要以慢跑及跳繩為主，一年有一到二次攀登高山的健行活動，這個運動習慣已經維持近三十年。隨著年紀增加，且工作性質必須長時間站立，一直以來都有下背痛的困擾；加上壯年開始接觸戶外攀岩極限運動，由於部分關鍵肌肉沒有特別訓練，始終無法達成理想目標，於是在半年前開始進健身房，為自己安排了一對一的教練，說明了我的訓練目標後，教練在第一次課程中運用

測量儀器，以及全方位的肌肉運動評估我目前的肌肉狀態，發現我的背部肌肉、臀部肌肉及大腿後側的肌肉群需要格外加強，才能滿足久站及攀岩的目標。

根據我的條件與目標，教練設計了一套訓練計畫，每週一次，一次一小時，課後我也自我要求複習二到三次，加上將慢跑運動改為每週至少五天蝶泳一千公尺，六個月後，身體素質達到了有生以來的高峰。

這裡想表達的是，肌肉（或思考）的訓練是有目標、有計畫且必須有紀律，才能累積學習而來的。

如果是肌肉訓練，不論是維持生活機能、或是成為運動員，不論是追求特定挑戰（例如攀登玉山、參加馬拉松、騎單車登上武嶺等等）、還是希望解決身體上的困擾（例如強化背肌、校正站姿、解除下背痛），都必須以具體目標成果為前提，列出並選擇適當的訓練項目，有計畫、有紀律地訓練肌肉，才能達成目標。

如果是思考訓練，從有想法到懂思考，不論是從無到有追求理想，還是藉由解決問題讓事物回到正軌，都必須

以具體目標成果為前提，列出並選擇適當的思考框架，進行系統二的深思熟慮，才能做出良策（表5）。

表5　「思考就像上健身房」的比喻

精進歷程		生活例行活動	特定目標行動
思考	從有想法，到懂思考	應付生活起居、例行工作之需的決策能力，大多數為反應快、不費力的系統一思考，也就是生活經驗中累積的刻板記憶及直覺反應。	當生活工作中遭遇複雜的問題，不論是從無到有的追求理想，還是希望藉由解決問題讓事物回到正軌，都必須以具體目標成果為前提，列出並選擇適當的思考框架，進行系統二的深思熟慮，才能做出良策。
肌力	從維持生活機能，到成為運動員	應付站立、步行、小跑步、蹲站等生活起居的行動能力，即使是一個不運動的人都能勝任。	當生活工作中遭遇複雜的問題，不論是維持生活機能、或是成為運動員，不論是追求特定挑戰（例如攀登玉山、參加馬拉松、騎單車登上武嶺等等）、還是希望解決身體上的困擾（例如強化背肌、校正站姿、解除下背痛），都必須以具體目標成果為前提，列出並選擇適當的訓練項目，有計畫、有紀律地訓練肌肉，才能達成目標。

12

能力養成的三個階段與三個步驟

「這堂課我上過」、「這本書（這個影片）我看過」是我最常聽到，卻也最擔憂的兩句口頭禪，具體地說，因為看過不代表看懂，看懂不代表會用，會用不見得用得好，但是因為曾經接觸過，常常會誤以為自己已經會了、已經擁有這個能力了。

那麼，到底如何才能發展能力？如何才能訓練思考能力呢？讓我們先來認識何謂能力（competency），能力的定義有很多，例如：

「能力是執行特定任務工作所需的知識、技能、態度以及個人價值。」

「能力是足以完成主要工作結果的一連串知識、技術與能力。」

「能力指一個人所具備的潛在基本特質，而這些潛在的基本特質，不僅與其工作及所擔任的職務有關，更可以預期其行為反應以及績效表現。」

本書也為能力提供了一個定義：一個人能運用一個或多個領域的知識技能，理解、表達、分析現象問題，進而做出決策，解決問題，創造價值。

🏋 能力養成三階段：記憶、理解、轉化

能力的養成分為記憶、理解、轉化（或內化）三階段，第一是**記憶**階段，學習者在遭遇問題時，能回想起所學的知識概念或技能步驟，進而運用這些概念工具幫助思考。

根據德國心理學者赫爾曼・艾賓浩斯（Hermann Ebbinghaus）遺忘曲線的研究，人即使在課程中照單全收，但課後一個月內，如果沒有複習應用，也只能記得當時內

容的20％，更何況成人學習的情況下，學習者多半態度隨性，這裡聽一點，那裡記一點，到頭來，課程結束後一段時間，課程內容多半遺忘殆盡，加上大腦用進廢退的原則，沒有應用就真的「沒用」了，這個階段，學習者多半處於「不知道自己不會」的狀態（圖16）。

第二是**理解**階段，這個階段涉及學習者能否精準地理解並應用所學，學習者經常處於「知道自己不會」及「知道自己學會」之間。

第三是**轉化（內化）**階段，此時學習者遭遇問題時，不但能應用而且算得上精熟所學，能有效地解決問題，達成目標，學習者處於「有意識地自然展現」，甚至是「無意識／有意識地自然展現」，所謂的「無意識」指的是，學習者已將所學內建成為大腦系統一的直覺反射。

回憶年輕時學開車的經驗，作為客家族群的一員，父親一直是我的人生導師，也是品德的啟蒙者，由於鄉下地方偏僻空曠，父親想親自教我開車，當時大多數的車種都是手排車，就是那種需要同時腳踩離合器，切換手排變速

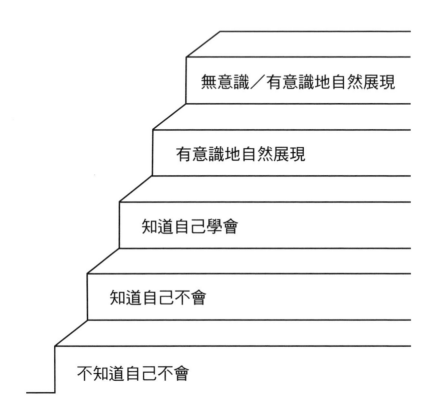

圖16　增能階梯

無意識／有意識地自然展現

有意識地自然展現

知道自己學會

知道自己不會

不知道自己不會

檔,同時控制油門的那種車。當父親完成右腳踩著煞車,發動油門,左腳踩離合器,手排入檔,右腳慢踩油門,左腳慢放離合器的一連串動作後,從解說到示範一氣呵成,帥氣地在路邊停車,問我:「會了嗎?」我秒回:「會!」(處於「不知道自己不會」的階段),殊不知當我坐上駕駛座,到發動油門的步驟一切都很完美;但是當開始準備換檔時,不知為何我被偌大的引擎空轉聲嚇得失魂落魄,瞬間車子熄火,這時才發現原來自己不會!

從「不知道自己不會」到「知道自己不會」是一個很高的坎,讓我虛心謙卑地面對挫折與自身的不足,在父親一次又一次的訓誡與指導後,我逐漸可以在父親的監督下上路(「知道自己學會」的階段),月餘後,已經能獨自開車上路,甚至開上高速公路(「有意識地自然展現」階段),幾年下來,駕駛手排車已成為一種享受(來到了「無意識/有意識地自然展現」階段)。

各位讀者朋友也可以試著回想上一次,對一件事物或技能從完全不會到精熟的歷程,例如:學游泳、學語言、

彈奏樂器、學騎單車、下廚、烘焙、寫論文、做簡報……
等等，其實都會有類似的過程。

能力養成的三步驟

　　既然知道了能力養成的三個階段，最後，我們來認識
如何利用三個步驟，一步一步地朝學習目標推進（圖17）。

　　如果以培養解決問題思考力為例：

　　步驟一：學習新概念。有想法不代表懂思考，為了避
免解決問題時，因為本能直覺反應，只看見表面現象而忽
略真正問題，需要學習特定框架方法，這些方法步驟會涉
及一些過去不熟悉的概念理論，這個過程是在建構一個人
面對問題現象的後設認知，也就是大腦系統二做決策的運
作框架。

　　步驟二：練習應用。學習概念框架不代表懂得靈活地
運用，需要刻意將所學到的知識概念，選擇一個練習應用
的目標對象（人、事、物），試著套用在它們身上，解釋那

圖17 發展能力的三階段與三個步驟

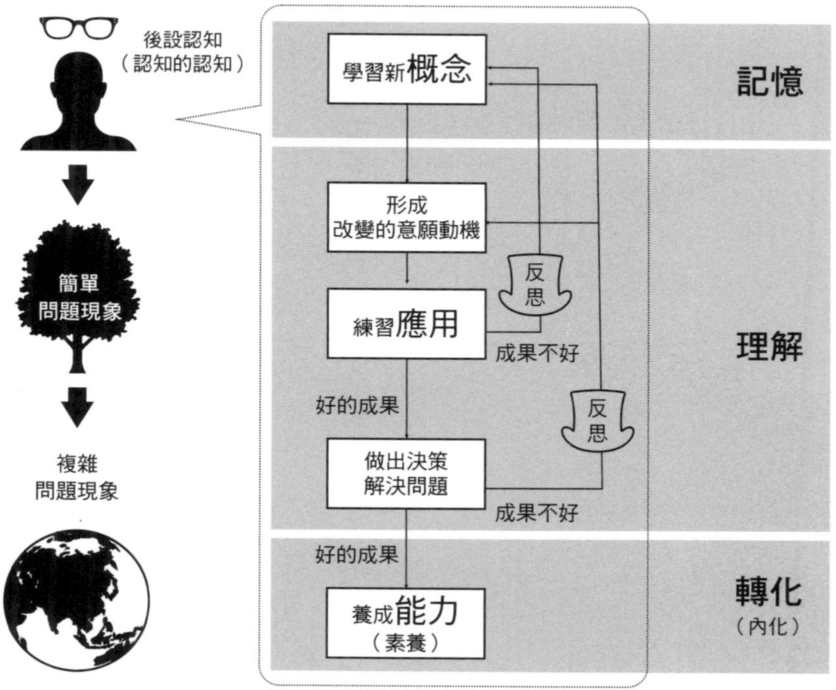

記憶

理解

轉化
（內化）

後設認知
（認知的認知）

學習新概念

形成
改變的意願動機

練習應用

做出決策
解決問題

養成能力
（素養）

反思

反思

成果不好

成果不好

好的成果

好的成果

簡單
問題現象

複雜
問題現象

些行為現象發展的脈絡歷程，甚至進行推論，形成自己的主張見解，如果整個演繹歸納的論述成果是好的，就代表我們能精準地掌握所學新知，可以進入下一個步驟。

但是，如果應用論述的成果不佳，只是不斷發表自己的主觀心得，字裡行間沒有應用第一步驟所學概念知識的痕跡，那就意味著兩種可能：第一，觀念不清楚；第二，受思考慣性所累，學習者必須透過反思加以釐清，修正錯誤後再練習一次，直到應用結果改善後，才能進到下一步。

步驟三：解決問題，養成能力。如圖17所呈現，思考能力的養成，就是在培養我們的後設認知，也就是認知的「認知」，就像戴眼鏡、換眼鏡，不斷建構與跳脫思維框架的歷程。問題解決能力的訓練，可以循序漸進從簡單的問題現象，到複雜的問題現象，當一個人總能有意識地運用適當的思考框架，以及理性的方法步驟解決問題，便代表已擁有出色的思考能力。

13

培養後設認知能力的訣竅

　　第2章介紹了後設認知包含三種能力：分析（系統）思考、概念思考及心智模型，簡單地說，分析思考是指如何運用理論架構幫助思考；概念思考是如何運用思考建立理論架構；心智模型則是一個人對事件現象的詮釋。深度思考就像上健身房，只要掌握訣竅，有目標、有計畫、有紀律地持續練習，一定可以嘗到甜美的果實。

　　這裡根據過去的經驗及學習，分享四個好用的訣竅，提供讀者們練習時參考。

🏋 訣竅一：懷疑一切，挑戰框架

法國集哲學家、數學家及科學家於一身的笛卡兒，其名言「我思故我在」，直譯為「我思考，所以我（自我意識）也存在。 如果我停止思考，就不會有我（自我意識）存在的證據」。換句話說，世間的一切都可以加以懷疑，唯一不容懷疑的是正在懷疑一切的「我」（自我意識）。懷疑自己不是心理層面的自我懷疑或自我否定，而是挑戰或質疑自己對人事物的觀點見解，甚至是自己為什麼這麼想、這麼感覺背後的思考框架（後設認知），時常質疑自己結論的正確性，反思思考過程到邏輯是否正確周延，還是預設立場的射箭畫靶、自欺欺人。

橋水基金（Bridgewater Associates）是全球最大的對沖基金公司，由瑞‧達利歐（Ray Dalio）於1975年在美國創立，截至2020年4月，管理的資產約為1,380億美元。達利歐在26歲創辦橋水公司，當時的美國經濟非常動盪，年輕的達利歐總能在大環境中演繹歸納一套對於美國經濟發展

與波動的趨勢，趨吉避凶，公司營收快速成長。但好景不常，在《原則》（*Principles*）書中，達利歐回憶，1979到1982年的經濟情勢比2008年的金融海嘯更加嚴峻，可以說是全球經濟百年以來最關鍵的一次，當時他在金融投資上的預測大錯特錯，公司大賠，付不出員工薪水，陷入人生最低的谷底：「我意識到如果要繼續前進，而不再被嚴重打擊，必須客觀地看待自己並做出改變，也就是開始學習在追求目標時，更有效地控制與掌握自己天生太過躁進的個性……我學會了一種對錯誤的恐懼，它使我的思維從『我是對的』，轉向『我怎麼知道我是對的』」。

原則很簡單，但要做到並不容易。要做到懷疑自己、挑戰思維框架有幾個方法：

第一，找出那些最專業但觀點跟自己截然不同的人，因為這樣能認識並理解另一個不同的思考框架與推論。自己的構想見解遭受挑戰時，總是令人五味雜陳，像我在攻讀博士班期間，在最後論文口試時，就遭受口試委員們的輪番攻擊與挑戰：「兆田，我知道你對這個很有經驗，有自

己的一套見解，但學術研究不能射箭畫靶，你的寫作論述中早已透露你的預設立場，難道你沒發現嗎？」

其實當然有，只是我自己不願意接受，承認自己思考上的錯誤很難受，但是很值得，隔天我洗心革面、全盤檢討，重新以研究者的視角看待研究對象。

第二，發揮團隊集思廣益的功能，知道自己什麼時候不該表達意見，讓團隊大鳴大放。能讓團隊成員開放地發言、進行有效討論的前提是，大家擁有足夠的心理安全感，不會因為說出問題或不同意見而被貼上標籤或利益受損。

工作討論時，作為團隊領袖，除了適當地不表態，更要有不打斷、不辯解的好習慣，在傾聽不同意見時最忌諱「這裡我稍微補充一下」、「我回應一下」的類似反應，因為有時候下屬聽見或觀察主管這些回應，會私下解讀為「老闆不同意我的意見」或「這是主管在套話」，之後如果有類似集思廣益的場合，團隊成員就容易變得被動、保守、觀望，甚至冷漠，團隊領袖不得不慎！

第三，歸納出自己歷久不變的模式原則，對它進行驗證，刻意探索反例，企圖擊垮自己的假設推論。國內某大企業要求新進員工必須精熟公司文化精神、吟唱公司歌曲，過去新進員工課程中，經常出現受訓學員滑手機或上課遲到的現象，而我受邀到該公司傳授企業文化，承辦人員不斷提醒可以藉由設計競賽活動或集體連坐懲罰的方式，要求學員遵守規則並交出學習成果。

「為什麼要這樣做（競賽獎勵或連坐處罰）？」我好奇地問，他們回答：「因為一定要這樣做，他們才會配合，而且我們公司以前都是這樣做。」

經過幾天思考後，我提出一種創意的教學法，能將吟唱公司歌曲變得有趣，又能凸顯團結合作，讓員工樂於吟唱，方法就是給學員一人一個杯子，藉由邊唱邊拍打杯子、傳杯子的遊戲（活動稱為 Cup Game），跟隊友一起完成任務，整個過程中沒有學員遲到，且課程內容寓教於樂，富有管理的教育意義，得到滿堂彩，這個事件成為該公司訓練部門的「反例」，顛覆了過去「這件事一定要……

才能……」的定論，大大擴展他們未來規劃課程活動的創意空間。

做到上述這些，就會明顯看到思維品質的提升。

🎯 訣竅二：拉開距離，升高（或改變）視野

zoom in 總讓人有一沙一世界的驚奇，zoom out則有如高空（或外太空）鳥瞰，總讓人感嘆自己的渺小。有一年帶孩子攀登南湖大山（海拔3742公尺），清晨經過南湖北峰稜線時，晴空萬里，我們幸運地可以望見宜蘭海岸線，眺望太平洋，居高臨下。「哇！好漂亮！」孩子們讚嘆著。

當我們長時間凝視一件事，基於大腦運作原則，自然而然會形成一種思考慣性，當刻意zoom out拉開距離、升高視野時所感受的讚嘆，絕不亞於觀賞已故導演齊柏林先生的傑作《看見台灣》所帶給人們的啟發。「拉開距離」可以是地理的，更可以是情感的、現象的。

人與人之間情感上的矛盾，最令人糾結。家父雖然只

是一個鄉下地方的小小郵局主管，但為人正直海派，基於工作業務上的需要及個性使然，交友廣闊，家裡常常是地方仕紳到訪相聚之處，可能也因為這樣的環境，父親總喜歡跟朋友把酒言歡，加上有高血壓的慢性疾病，最終還是逃不過中風的命運。因禍得福的是，中風之後，父親的應酬少了，飲食變得清淡，酒也不喝了。

這一年，我的人生大事終於到來，席開百桌，所有認識或不認識的親朋好友都蒞臨祝賀，父親非常開心，當晚希望再宴請非常親近且年紀相仿的知己好友好好喝一杯，當時我心裡非常兩難，一方面知道父親難得高興，一方面又擔心他中風後的身體難以負荷，恐怕樂極生悲，遭來二次中風的禍事，那一晚我拚命擋酒，希望能幫父親多分擔一些，就少一些風險，但我醉倒了，而且醉到不省人事！

醒來後，迎來的是老婆的嚴厲質問：「你知不知道昨晚你在幹什麼？你知不知道昨晚我和你媽整夜在車上陪你，怕你被嘔吐物噎死，整晚沒睡！」新婚之夜原本應該歡喜美好，結果卻被我搞砸了，多年至今依然內疚不已，深切

反省發現自己犯了角色混淆的錯誤，那一晚一味想做好一個「好兒子」，討好父親與他的友人；卻忘了成為一位能讓老婆安心可靠的「好丈夫」。

各位讀者可以做一個簡單的測試，如果手掌非常貼近眼睛，會看不見掌紋；但如果慢慢將手掌遠離眼睛，掌紋便會逐漸清晰，這就像人與人的關係，太接近時，情感會使人暫時盲目。如果時光倒轉，我會適當拉開自己與父親情感上的距離，喜宴那天因為顧及父親身體「挺身而出」，但卻造成母親及新婚妻子的擔憂及困擾，跳下去擋酒只是逞匹夫之勇，絕非妙策，與其自己擋酒，為何不影響其他人（父親的友人）讓父親少喝點？這樣做不但能盡孝，又能解除妻子對自己的擔心，成為好丈夫與可靠的另一半。

看問題的五個層次

對現象與問題「拉開距離」，能透過升高視角或綜觀全局，洞見契機。擁有美國電子工程碩士及管理博士的金‧丹尼爾（Daniel H. Kim），為了幫助企業提升競爭力，鼓勵

企業領袖帶領團隊，從問題解決組織升級為學習型組織，金博士建議以「看問題五層次」解析問題（圖18），避免急就章、事倍功半（低槓桿）的解決方案，而要拉開與眼前問題的距離，綜觀全局。

金博士以一座冰山來比喻深度思考解決問題，問題事件（Problem）只是問題的表面，如果看到表面問題就出手

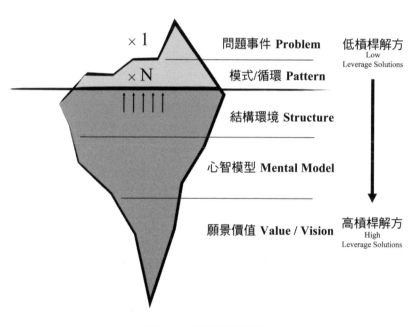

圖18　看問題五層次

處理，通常是治標不治本的低槓桿解方；如果希望找出最佳或事半功倍的高槓桿解方，必須練習以系統思考的全局觀，從表面問題往下深入解析。

表面問題的背後，大多隱藏許多我們不願面對的暗黑現象。如果在家裡發現一隻蟑螂，你不會天真地以為真的只有一隻吧？你應該懷疑家裡的某個角落躲了一窩蟑螂，如果不根除引誘或鼓勵蟑螂孳生的條件環境，家裡將永無寧日。

表面問題的下方，是長久以來不良慣性的模式／循環（Pattern），問題事件及模式／循環都是在水平面上方容易被觀察發現的現象，水平面下方的結構環境（Structure）以及主事者（或稱造局者）的心智模型（Mental Model）及願景價值（Value/Vision）卻容易被忽略。

水平面上方的模式／循環及問題事件，是結構環境的產物，存在著三種因果關係，主事者基於某種顧此失彼的價值判斷及心智模型（一種心態），形塑出目前的結構環境，包括：第一，刻意且主動鼓勵；第二，思考不周造成

被動誘發；第三，以鴕鳥心態漠視容忍；助長了問題的惡化。不論如何，主事者（即造局者）必須勇於承擔一切，做出艱難的決定，才能力挽狂瀾，顛覆現況，帶來新局。

X是一位企業的高階主管，長期苦惱公司的產品在競爭對手的通路占比不斷升高，卻毫無對策，拉開與問題現象的距離後發現，自己長期以衝量（達成目標KPI）為優先考量，抱持著「只要上他們（競爭對手）的架，就會有量」的心態，殊不知這樣的思考不周，造成組織設計及績效目標管理設計不當，誘發業務同仁對競爭對手的通路產生長期的依賴感，無形當中，讓競爭對手成為自己公司又愛又恨的恐怖情人。

如果要突破現況，他自己必須先做出改變，以幫助公司長期獲利成長為優先考量，以「一定要擺脫競爭對手才能贏」的心智模型為前提，一方面刻意調整內部制度，改變業務人員過去的銷售行為模式，一方面更積極研發高附加價值的新品上市，作為開創公司新局的高槓桿解決方案。

Y是另一家企業的創辦人暨執行長，公司的營收雖然有成長，但獲利能力卻逐年下降，也就是說，公司雖然有訂單，但是賺不到錢。拉開與問題現象的距離後發現，Y自己長期以「先讓公司可以活下去」為優先考量，抱持「只要我們的東西便宜，就可以接到訂單」的心態，殊不知這樣顧此失彼的思考，卻造成公司業務人員為了搶訂單，總是採取低價策略，加上公司沒有積極的創新計畫，業務團隊與研發團隊對新產品開發或設備升級改善，完全沒有共識，跟競爭對手相較根本沒有差異化的產品競爭力，只能靠低價競爭。

　　如果要突破現況，執行長Y自己必須先做出改變，期望公司的未來能以高附加價值與創新技術的設備，提供節能高效的解決方案，幫助該產業永續發展，進而成為品牌大廠信賴且共同永續的合作夥伴，以「一定要成為大廠的關鍵夥伴才能成功」的心態為前提，一方面思考如何改造組織與流程打團體戰，另一方面思考如何組建行銷部門專責服務各大品牌，最後思考如何建立創新產品的方法論及流程

步驟等課題，作為幫助公司突破困境的高槓桿解決方案。

　　Z是一家健身中心的執行長，原本這家健身中心是一家外商，進入我國市場連續虧損幾年後，決定退出台灣，轉賣給台灣團隊，Z決定接下這顆燙手山芋，主導公司經營管理，重新出發。前經營團隊一直以擴張公司為優先考量，堅信「一定要有大量會員，才能創造高營收」，所以秉持必須快速展店的政策，為了獲利，總是要求教練推銷課程衝業績，希望先預收會員費，穩定現金流；此外希望以大店面及多樣化設備吸引顧客上門，加上拚命砸廣告吸引加盟者進場；但是事與願違，健身中心總是空蕩蕩，沒有客戶上門運動，公司連連虧損，加盟者更沒有信心加盟。

　　Z接手公司經營後，拉開與問題現象的距離後發現，一定要讓會員來運動，才能有獲利的機會，所以KPI應該是會員運動次數，而不是展店數，也不是營收數字，Z希望將公司打造成女性專屬的健身中心，一方面運動時不需忍受男人眼光，二方面希望能在上班族女性忙碌的生活型態下，滿足運動健身的需求，於是，Z與經營團隊開始思

索，與其自己拚命賣，為什麼不讓全世界幫忙賣？他們思考如何帶動女性的運動習慣、經營女性運動社群，以提高公司獲利等關鍵課題，作為重振企業品牌的高槓桿解決方案。一方面為了讓女性會員來運動，二來讓公司能獲利，Z決定捨棄高租金的黃金大店面，開設位於二樓的社區小店，降低成本負擔，簡化行政流程，減輕教練的壓力，堅持不降價，守住服務品質，把會員當成健康大使，用獎勵推廣運動，讓利給現有會員，吸引新客戶上門，最終營收大幅提升。

根據金博士的觀點，解決問題型組織不代表具有長期競爭力，因為必須質問企業為什麼會有這麼多問題，畢竟有些問題根本不應該出現（或持續存在），有些解決方案根本就是在處理表面問題，長久下來將疊床架屋、堆高經營成本，讓企業失去競爭優勢。換句話說，將打蟑螂行動合理化、流程化、組織化、常態化是荒謬的，應該質問為什麼會出現蟑螂？思索如何打造杜絕蟑螂孳生的環境，才是對的管理課題。

運用看問題五層次的思考框架，讓管理者刻意練習拉開與問題現象的距離，改變看事情的視角，將會得到不一樣的觀點見解，做出更好的決定或政策。

訣竅三：停止抱怨，描述問題，重新命題

就思考而言，通常問題比答案重要，對的問題才能有好的答案。首先澄清一下，在管理的範疇中，「問題」是指目標與現況之間的落差，當我們描述問題時，到底是在「描述問題」，還是陳述看法或宣洩情緒？不同的狀況會得到不同的結果，換言之，命題錯誤就不會得到有效的答案，錯誤的問題描述與命題所得到的結論，很可能是動物本能的直覺反應，是先入為主、射箭畫靶的謬誤偏見。先來看看下面的問題描述：

● 新產品設計不夠完整，造成生產過程中一直在改善問題。

- 計畫主持人基於經營跨部門合作關係，當收到其他部門的需求評估後，總是會增加原本不在預期計畫中的工作任務，以滿足他們的期待。

- 長期投入新產品開發的人力不足。

- 設計開發人力不足。

- 工作小組負責專案執行，要達成客戶要求的量產時程，原有人力已不足，卻因為非計畫預期的工作任務造成的人力困窘，時常無法達成客戶量產的時程要求。

- 某特定客群用戶持續要求專業人力駐廠服務。

- 公司因應景氣變差，嚴格控制資本支出，不同意添購某工具軟體；但過去數年人數成長二成，因此需要使用軟體的同仁，平均等待時間增加為兩倍，而尖峰等待時間甚至增加十倍。

- 部門原有人力不足，無法單獨解決某產品線的品質問題。

- 新產品的畫質功能不足。

- 長官認為軟體導入 AI 的成效不明顯。

- 部門被賦予新的工作任務,無法順利開展。

雖然表面上,聽到(看到)的是反應問題,但仔細研究分析後會發現,違反了描述問題(目標與現況之間的落差)的基本原則,也就是客觀描述現象以及定義預期成果,意即去回答「做到什麼程度叫做好(或完成任務)」,比方說:

「新產品設計不夠完整,造成生產過程中一直在改善問題。」

→描述中要解決的是設計問題,還是產品交期問題?再者,設計到什麼程度會稱為「完整」?如何衡量解決問題的成果?

「計畫主持人基於經營跨部門合作關係,當收到其他部門的需求評估後,總是會增加原本不在預

期計畫中的工作任務，以滿足他們的期待。」

「工作小組負責專案執行，要達成客戶要求的量產時程，原有人力已不足，卻因為非計畫預期的工作任務造成的人力困窘，時常無法達成客戶量產的時程要求。」

→描述中完全無法得到待解問題的關鍵詞，更遑論可以衡量預期成果的指標，這是要解決預期達標任務延後？還是產品改善進度落後？這裡的字裡行間只流露了「人在江湖，做人很難」的抱怨情緒。

「長期投入新產品開發的人力不足。」

「設計開發人力不足。」

→反問當事人，人要多到什麼程度叫做足夠？要解決的問題是新產品開發時程不斷延後？還是產品品質不良？服務品質不良？

「公司因應景氣變差，嚴格控制資本支出，不同

意添購某工具軟體；但過去數年人數成長二成，因此需要使用軟體的同仁，平均等待時間增加為兩倍，而尖峰等待時間甚至增加十倍。」

「某特定客群用戶持續要求專業人力駐廠服務。」

「長官認為軟體導入 AI 的成效不明顯。」

「部門被賦予新的工作任務，無法順利開展。」

→以上這些均為典型抱怨文，只表達了無奈，無濟於事，未能將狀況梳理轉化為待解決的管理課題。

以上陳述大致可以分為四類：思考後結論不精準、對現況感到無奈的抱怨、還沒分析問題就已經未審先判、射箭畫靶的主觀成見。以下用幾個簡單的例子提供讀者們參考，命題的訣竅不在文辭修飾，而是客觀理性地界定預期成果目標與現況的落差，例如：

● 新人離職率（％）過高

● 咖啡營收占比（％）低

- 自助點餐機使用率（％）持續下降

- 產能不足（生產力指標），無法滿足顧客需要

- 顧客滿意度（評比）不佳

- 人事成本（NTD）持續上升

- 營業額成長（％）未能達標

- 業務量（NTD）停滯，無法突破

- 交期過長（日）

- 庫存金額（NTD）攀高

- 生產成本（NTD）過高

- 新客戶的占比（％）過低

- 公司獲利（％）無法成長

- 異常排除時程（小時或日）過長

　　有時候，問題不在理性面，而是在情緒面。美國史丹佛大學心理學教授杜維克在教育心理研究中所提出的兩種心態模式：成長心態與定型心態，擁有成長心態特質的孩子相信，自我能力能靠努力來精進，因而比定型心態者更

願意嘗試錯誤，並從挑戰和困境中成長和獲得成功。以下的問題陳述，都出於負面的定型心態：

- 這工作到底該歸誰負責？（混淆、迴避、卸責）
- 他們為什麼不事先溝通好？（指責、卸責）
- 誰該為這些錯誤負責？（觀望、指責）
- 我們為什麼需要做這些（改變）？（否定、迴避）
- 這不是我的工作，為什麼我要做？（否定、卸責、迴避）
- 這件事我原本就不會，又沒人來教我？（觀望、卸責、迴避）
- 誰可以來帶領我們（提供願景目標，凝聚大家）？（觀望、混淆）
- 別人為什麼不能把工作做好？（觀望、卸責、迴避）

練習問對的問題，一來可以解決問題，二來可以培養

自己的成長心態：

- 我該怎麼做才能學會（知識技能訣竅）？
- 我該如何適應這一切（持續的變革與不確定性）？
- 我該如何運用自己的所學？
- 我該如何做才會一切更有效率，更有效果？
- 我該做些什麼來貢獻一己之力？
- 我該如何做出最佳成果？
- 我該如何解決問題？
- 我該如何協助團隊（組織）成功？
- 我該做些什麼來擴展自己的影響力，交出更好的成果？
- 我該做哪些調整或努力，才能擺脫生活中人們對我的誤解？

某公司過去五年雖然營收成長，但獲利卻不斷下降，

表6整理了他們歸納分析過程中的描述，左欄的表達方式都是主觀判斷，容易成為抱怨；經過調整後的右欄才能真正描述問題，進而釐清真正的問題根源，重新命題，找出解方。

表6　抱怨與描述問題對照表

抱怨	描述問題現象
生產地仍過度集中，無法分散風險。	生產地都聚集於○○○地區（當疫情衝擊時有斷鏈的可能性）
新產品規格遲遲無法完全定案。	新產品規格歷經一年沒有定案。
需求不明確的統計表單過多。	根據統計，每一季平均30%的統計表單不清楚目的為何，也不知如何幫助管理或決策。
公司的生產廠區太分散。	員工因公務之需，在廠區之間的交通往返頻率一週○○○次，花費時間平均每人每週共計10小時。
自動化生產導入太慢。	自動化導入時程比原定時程落後60%。
專案管理工具不具競爭力。	目前的專案管理工具無法提高員工工作效能。
人員不穩定。	人員離職率相較於去年同期增加15%。

表6 抱怨與描述問題對照表（續）

抱怨	描述問題現象
組織太過龐大，間接造成非用人的成本支出無法有效控管。	非用人的成本支出每年總是以15%的速度增加。
業務端接案都沒有過濾。	當業務端接案時，總是沒有過濾，也沒有優先排序的機制。
產品企劃和效益評估不到位。	產品企劃和效益評估，總是無法幫助團隊做出好的定價。
開發案過多，優先順序不明確。	產品開發項目很多的時候，總是沒有幫助做出優先順序的原則，找不出流程中的瓶頸。
高毛利新產品研發太慢。	高毛利新產品開發進度，總是比原訂時程落後（總是要2～3年）。
研發部門跨單位協調不順暢。	研發部門跨單位合作流程的生產不佳（可衡量指標）。
無法有效提升產品差異性。	當公司產品與競爭對手的產品比較時，總是無法做出差異化（％）的功能服務。
生產異常太多。	生產異常發生次數高於標準值，總是造成重工費用增加。
會議太多，行動太少。	相同的專案，總是沒有決議或跟進行動（一個議題開了很多會）。
內部文書作業流程繁冗。	內部文書作業流程（以〇〇〇為例），總是需要〇個步驟才能完成。
各站不斷徵才，效率卻非最大化。	各站總是不斷徵才，但人均生產仍低於目標值。

停止抱怨，開始描述問題，運用先前介紹的MECE原則：不重複且不遺漏，進行因果脈絡的歸納分析（例如：5W3H、魚骨圖、限制理論的現況不良樹圖等），找出真正需要解決的核心課題，因為通常表面問題都不是問題，才能透過發散收斂的思考歷程，提出好的解決方案或配套計畫。由於問題解決歸納分析的概念工具書籍相當普及，各位讀者可以依照自己的閱讀習慣及需要，選購適合的參考書籍，本書就不錦上添花多做介紹了。

🏋 訣竅四：說不清楚，做不到；無法衡量，不存在

最後一個訣竅是：「說（寫）不清楚，做不到；無法衡量，不存在。」我想建議的是「明確定義，有效衡量」。當代領導管理學多為西方文明的產物，學習西方文明必須學習哲學思維，一般大眾不需要對歷代哲學大師及他們的學說如數家珍，因為那些是哲學專家必修的哲學知識，我

們需要的只是哲學思考，哲學思考只討論三件事：如何定義？標準是什麼？由誰決定（誰有條件資格決定前面兩個問題的答案）？好比人開車，手握方向盤，心（腦）中有方向、有藍圖，腳踩油門煞車，眼神時時刻刻留意儀表板和里程。

舉個簡單的例子，一位年輕基層主管表示，他希望五年後成為能夠發揮影響力的人。表面上（字面上）這位年輕主管似乎表現出積極的一面，但若不繼續質問探索細節，一段時日之後，會發現一切都是空洞的自欺欺人，與他共事的主管或同事可能會認為，他只是光說不練的人。

即使這位年輕主管心中有「發揮影響力」的方向，但可能沒有具體實踐的藍圖，若拿開車上路當比喻，就像沒有訂出行程計畫、沒有踩下油門，絕不可能抵達終點。古人有一句俗語：「千里之行，始於足下」，沒有踏出第一步，一切都只是空談。只有想法，沒有具體目標的例子比比皆是：

- 成為高績效團隊的主管

- 成為受人敬重的人

- 能引領團隊，提升領導力

- 打造追求卓越的團隊組織

- 追求理想，實踐工作與生活平衡

以上說法不是說錯，而是只說了一半，缺的是設定具體目標。舉幾個實際的例子，整理如表7至表9。

表7　某食品加工企業，從想法到具體目標

想法（企業理想）	圈出關鍵字詞	設定具體目標
運用食品加工，提供最具價值的產品，替客戶創造競爭優勢，替消費者創造美味時光。	提供最具價值產品，替客戶創造競爭優勢	一年內降低全熟產品製造成本，每公斤2元。（可以提供客戶更有競爭優勢的價格）
	替消費者創造美味時光	降低至（或保持）每一百公噸客訴率一件以內。
		提升〇〇品牌顧客滿意度五分以上。

表8 某設備企業，從想法到具體目標

想法（企業理想）	圈出關鍵字詞	設定具體目標
透過製鞋設備，提供品牌客戶差異化的解決方案，共同推動製鞋產業的永續發展。	提供差異化解決方案	兩年內銷售新型高效能設備（一次成型）100台。
	永續發展	兩年內將存貨週轉日從180天，降至90天以內。
		針對重點客戶提供加值服務，增加營收20%。

表9 某跨國玩具企業，從想法到具體目標

想法（企業理想）	圈出關鍵字詞	設定具體目標
藉由高價值的IP產品及娛樂體驗，成為公仔玩具的首選品牌，為人們帶來無限想像的快樂。	高價值IP產品	一年內提升高單價產品毛利達3%（相較去年）。
		一年內推出至少兩款具話題性的聯名限量產品。
	首選品牌	兩年內成為台灣地區消費者心目中IP收藏品理想品牌前三名。

從另一個角度想，如果光有目標，就代表容易成功嗎？不是，就像一位整日埋頭於書本與考試當中的高中生、大學生，難道他們在學業上不斷拿高分，就代表能獲得成功和幸福嗎？答案顯而易見，許許多多盲目追求成績、追求頂尖大學的莘莘學子，如果不懂得探索自我，認識自己的特質、優勢與弱點，思考未來在社會扮演的角色，設計未來的生活方式與理想的人際關係，甚至自己的人生理想及價值觀，一旦高分畢業，會立刻從得志的高材生，變成喪志的迷惘社會新鮮人。光有目標，卻不知道未來的方向與意義，好比人開車時，眼睛只盯著儀表板，腳拚命踩油門，一旦外界環境出現變化，遲早會摔得粉身碎骨。

企業的經營管理也是同一個道理，許多企業團隊領袖沉迷於數字KPI，用數字衡量一切、決定一切，殊不知數字只是表象，數字並非終點，數字是用來檢核想法的依據，是達成目的的輔助。許多連鎖餐廳為了衝高營收目標，漠視消費者真正在乎的用餐體驗，像是單方面想提升

自助點餐使用率，期望顧客適應新設備和新流程，卻導致顧客感嘆服務品質不如過去。盲目追求數字，忘記顧客不是不願意等，而是想知道需要等多久，能做好時間管理與流程設計，才能讓想推出的新設備和新流程達到目的。

盲目迷信數字容易讓有心人操縱數字，隱瞞真相，掩蓋事實。某公司不斷對外宣告營收持續成長，但獲利率可能是負值；某企業宣稱每年生產量大幅提升，但生產線的不良率可能持續攀高、成本持續上升，客戶回購率逐年下降，這些案例比比皆是，定型心態的管理者為了掩飾問題與卸責，會想盡辦法運用數字，在企業管理的儀表板上創造假象，誤導決策。總之，有想法沒有目標（數字），是空洞的；光有目標（數字），背後沒有想法，是盲目的。

重點整理

1. 思考，就像上健身房，需要有目標、有計畫、有紀律

　　從有想法到懂思考，從完成生活例行事務到解決複雜問題，都必須以具體目標成果為前提，列出並選擇適當的思考框架，進行系統二的深思熟慮，才能找出最適解方。**大腦訓練與肌肉訓練的歷程雷同，訓練思考能力，就好比上健身房一樣，需要有目標，需要有計畫，需要有紀律，需要定期檢視與反思，需要交出成果。**

2. 能力的養成分為記憶、理解、轉化（或內化）三階段

　　有三個步驟可以循序漸進推動三階段的能力養成：

　　步驟一，學習新概念：建構一個人面對問題現

象的後設認知，也就是大腦系統二做決策的運作框架。

步驟二，練習應用：刻意將所學到的知識概念，選擇一個練習應用的目標對象（人、事、物），試著套用在它們身上，解釋那些行為現象發展的脈絡歷程，甚至進行推論，形成自己的主張見解。

步驟三，解決問題，養成能力：透過解決問題、交出具體成果來培養能力。

3. 培養後設認知，讓你變聰明的四個訣竅

訣竅一：懷疑一切，挑戰框架。世間的一切都可以加以懷疑，唯一不容懷疑的是正在懷疑一切的「我」（自我意識）。沒有一種競爭力可以永恆，沒有一種商業模式可以長存。

訣竅二：拉開距離，升高（或改變）視野。執著於單一視角的話，不會產生更好或不一樣的答案。

解決問題型組織不代表具有長期競爭力，因為必須質問企業為什麼會有這麼多問題，有些問題根本不應該出現或持續存在，有些解決方案只是在處理表面問題，長久下來，企業團隊將失去競爭優勢。

訣竅三：停止抱怨，描述問題，重新命題。問題比答案重要，錯誤的命題會帶來錯誤的答案。

訣竅四：說不清楚，做不到；無法衡量，不存在。有想法沒有目標，是空洞的；光有目標沒有想法，是盲目的。

第 **5** 章

思考在工作上的應用案例

無論是意見相左、改變習慣，

善用看問題五層次、行為觸發因素矩陣等工具，

都能架構與組織腦內想法，

順利解決問題！

14

案例 1：意見相左時該怎麼辦？
——化解矛盾、解除對立的思考框架

A公司的主要經營項目，是取得國外專利製作成流行商品，在台灣及東南亞地區販售，希望能成為消費者首選的傑出品牌；然而幾年下來，有許多沒有賣出去的產品堆積在倉庫中，成為拖累公司獲利的關鍵，管理團隊內部對此意見分歧。

一、問題或主題

如何解決庫存問題？

二、容易出現的直覺式判斷

陷於「銷毀」或「低價出清」的矛盾二選一。

三、挑選並運用思考框架,好好思考

如果要給「溝通」一個直白的定義,我會說,溝通是人與人之間教與學的歷程,目的在幫助人們建立關係,解決問題,促進合作,創造價值。換言之,衡量人與人之間、團隊工作夥伴之間溝通品質的高低,取決於工作默契以及能否做出好的決斷,解決問題或創造價值,帶來改變。建議讀者先翻閱第2章關於「推論階梯」的介紹。

接下來,介紹一個能夠化解矛盾對立,又能避免急就章二選一的策略。面對矛盾對立、立場差異及利益衝突,建議放棄直覺式判斷的二選一,選擇第三妙策,可以運用「**關鍵對話ABC**」的三個步驟(圖19):

第一步,雙方先探索對問題的共同理解,進一步尋求共同的目的或目標,當有認知共識時,明確表達**同意**(**Agree**)。

第二步,當你們意見相左時,千萬別先指控對方是錯的,要積極且有系統地**比較**(**Compare**)你們之間的觀點差異。

圖 19 關鍵對話 ABC 步驟

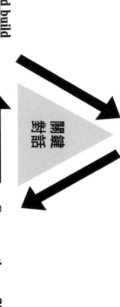

關鍵
對話

Agree on common understanding and goal
第1步，雙方先探索對問題的共同理解，進一步尋求共同的目標，當有認知共識時明確表達同意（agree）。

Compare the conflict
第2步，當雙方意見相左時，千萬別先指控對方是錯的，一定要比較（compare）你們之間的觀點差異。

Brainstorm and build
第3步，如果對事情的了解還不完整，從你們共同認同的地方開始，不斷地腦力激盪擴大共識（build）。

第三步，如果對事情的了解還不完整，可以從你們共同認同的地方開始，不斷地腦力激盪，發揮共同學習的態度與作為，**擴大（Build）**彼此的認知共識。

接下來介紹適合化解矛盾的思考框架，一個好用的工具是「撥雲見日圖」（圖20、21）及「解除對立表」（表10），讓關鍵對話變得更具體。以下分別介紹，並舉例說明（註：故事案例為確保企業團隊的隱私與機密，經過簡化及改寫，僅供學習理解參考之用）。

第一步，釐清共識（Agree）。先讓雙方釐清自己的行動主張以及背後的假設推論（一定要⋯⋯，才能⋯⋯），清楚說明自己的企圖與構想，並且找出是否存在共同目標（圖20）。

案例中的甲乙雙方對如何處理庫存品意見相左，甲方之所以認為出清庫存產品可以解決目前問題，是希望能現在就賺錢；相反地，乙方希望維持公司品牌該有的價格，是為了要賺未來的錢，雙方都希望能幫助公司獲利。

第二步，比較與質問雙方差異（Compare the conflict）：

確認與釐清彼此的假設推論，讓雙方輪流進行對彼此進行挑戰與質問，彼此必須認知自己的說法都是未經證實的假設與推論，並非全然事實（圖21）。

乙方深信，一定要銷毀庫存才能保住公司品牌價值，但甲方提出的挑戰是「品牌價值無法直接保障公司獲利，而且，銷毀產品會造成汙染與浪費，反而可能會傷害品牌形象」。甲方認為只要低價出清，就能解決庫存成本過高的問題，但乙方提出的挑戰是「低價不見得能清掉庫存，而且低價出清，仍會出現相關銷售成本」。

雙方的相互質問，有助澄清過度的假設推論，此外，還存在兩個沒說出來的假設推論：

第一，雙方對解決方案先入為主的成見──「資源有限是不能改變的，銷毀及低價出清無法同時滿足，只能二選一」。

第二，雙方漠視彼此主張背後的價值──「沒有做法可以同時保有品牌價值及降低庫存過高」。乙方重視保有品牌價值，甲方希望趕緊解決庫存成本問題。

銷毀還是低價出清

圖 20　撥雲見日圖：第一步，釐清共識

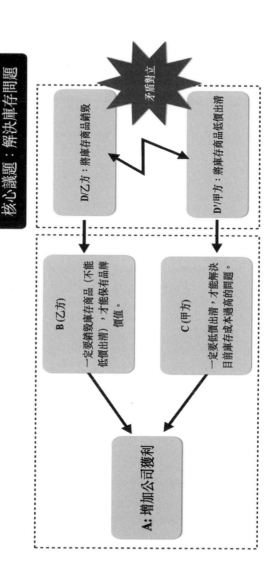

圖 21　撥雲見日圖：第二步，比較與質問雙方觀點差異，確認與釐清彼此的假設推論

銷毀還是低價出清

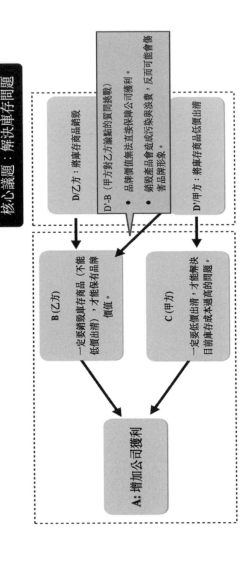

核心議題：解決庫存問題

D（乙方）：將庫存商品銷毀

D'-B（甲方對乙方論點的質問挑戰）
・品牌價值無法直接保障公司獲利
・銷毀產品恐造成污染與浪費，反而可能會傷害品牌形象。

D'（甲方）：將庫存商品低價出清

B（乙方）
一定要銷毀庫存商品（不能低價出清），才能保有品牌價值。

C（甲方）
一定要低價出清，才能解決目前庫存成本過高的問題。

A：增加公司獲利

圖 21 撥雲見日圖：第二步，比較與質問雙方觀點差異，確認與釐清彼此的假設推論（續）

銷毀還是低價出清

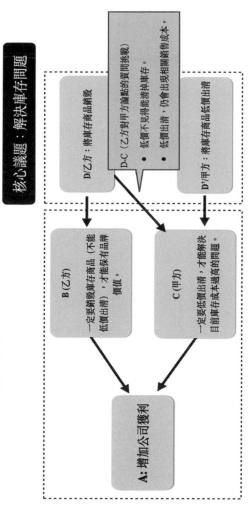

核心議題：解決庫存問題

D/乙方：將庫存商品銷毀

D-C（乙方對甲方論點的質問挑戰）
- 低價不見得能清掉庫存。
- 低價出清，仍會出現相關銷售成本。

D'/甲方：將庫存商品低價出清

B（乙方）
一定要銷毀庫存商品（不能低價出清），才能保有品牌價值。

C（甲方）
一定低價出清，才能解決目前庫存成本過高的問題。

A: 增加公司獲利

圖 21　撥雲見日圖：第二步，比較與質問雙方觀點差異，確認與釐清彼此的假設推論（續）

銷毀還是低價出清

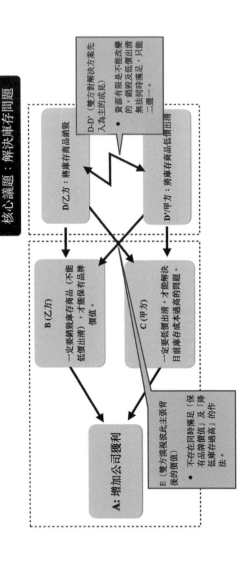

核心議題：解決庫存問題

D/乙方：將庫存商品銷毀

D'/甲方：將庫存商品低價出清

D-D'（雙方對解決方案先入為主的成見）
- 資源有限是不能改變的，銷毀及低價出清的，無法同時滿足，只能二選一。

B (乙方)
一定要銷毀庫存商品（不能低價出清），才能保有品牌價值。

C (甲方)
一定要低價出清，才能解決目前庫存成本過高的問題。

A: 增加公司獲利

E（雙方視彼此主張背後的價值）
- 不存在同時滿足「保有品牌價值」及「降低庫存過高」的作法。

這個方法為何稱為「撥雲見日圖」，原因在於當雙方願意、也有能力積極探索彼此對工作任務假設推論的共同點與觀點差異，就會有「原來我們在……是一致的，只不過在某些方面很不一樣」的豁然開朗，猶如北風吹走了烏雲，瞬間陽光普照大地，撥雲見日。

　　第三步，腦力激盪（ Brainstorm and build ）。將雙方的假設推論並列，以「解除對立表」（表10）展開，討論所有可能的解決方案。

　　當完成解除對立表時，A公司管理層共同決議採用「時地制宜」對策，增加了流程靈活性，保護了公司的品牌價值，又能保有毛利，以維持公司長期優勢，可以說是兩全其美之計，相較於一開始雙方直覺式且對立的二選一，針對問題、運用思考框架好好思考，可以做出更好的決策。

表10 解除對立表：第三步，腦力激盪，尋找第三妙策
放棄「銷毀還是低價出清」的二選一

解除對立4法	確認與釐清假設推論	解決對策	好處
採用甲方（低價出清）尊重乙方 D'-B	• 品牌價值無法直接保障公司獲利 • 銷毀產品會造成汙染與浪費，反而可能會傷害品牌形象 質問：怎麼做才能進行D'（低價出清）方案，又能滿足B（保有品牌價值）？	• 採用D'「低價出清」 • 做出有助於品牌價值的出清包裝計畫 • 分區域執行出清計畫	• 增加營收 • 賦予產品額外價值 • 開拓海外平價通路
採用乙方（銷毀庫存）尊重甲方 D-C	• 低價不見得能清掉庫存 • 低價出清，仍會出現相關銷售成本 質問：怎麼做才能進行D（銷毀）方案，又能滿足C（降低庫存成本）？	• 採用D「銷毀庫存品」 • 增加毛利來降低損益平衡點 • 依照首年滯銷百分比設定次年銷毀比例，降低倉管成本	• 減少倉管成本 • 減少出清營運行政成本

表10 解除對立表：第三步，腦力激盪，尋找第三妙策（續）
　　　放棄「銷毀還是低價出清」的二選一

解除對立4法	確認與釐清假設推論	解決對策	好處
時地制宜 D-D'	• 資源有限是不能改變的，銷毀及低價出清無法同時滿足，只能二選一 質問：什麼是可以同時進行D（銷毀）與D'（低價出清）方案的條件或原則？	• 建立先出清後銷毀的原則機制 • 高單價銷毀，出清低單價產品	• 增加流程靈活性 • 保護品牌價值 • 保有毛利
第三妙策 E	• 不存在同時滿足「保有品牌價值」及「降低庫存成本」的作法 質問：什麼是兼具滿足B（保有品牌價值）及C（降低庫存成本）的方案？	• 企業或組織捐贈方案	• 提升企業形象 • 抵稅 • 克盡企業社會責任

15

案例 2：產能是靠加班，還是靠管理來的？ ——看問題五層次

　　B公司是一家中型的設備製作公司，成立超過二十餘年，一直以來都有很好的公司信譽，但最近幾年不知道為什麼，產能一直無法突破，直覺反應就是讓員工加班，但製造不良造成重工的成本加上不斷增加的人事費用，吃掉了應該要有的利潤，管理團隊陷入苦戰。

一、問題或主題

如何提升製造產能？

二、容易出現的直覺式判斷

加班、重做。

三、挑選並運用思考框架，好好思考

「問題」就像家裡出現的一隻蟑螂，就算除掉其中一隻，千萬別以為真的只有這一隻，管理者必須懷疑暗處有一窩蟑螂，只是自己沒看見。看得到的問題通常只是表象，像病徵，但真正問題藏在表面病徵的背後。這個時候，建議讀者朋友運用系統思考（也就是分析思考），召集團隊一起集思廣益，有系統、有紀律地把問題好好解析一番。

在眾多系統思考的方法中，「看問題五層次」是其中易學好用的一種（建議讀者先翻閱第13篇訣竅二的介紹）。看問題五層次的分析成果是希望能幫助團隊，以整體系統觀，深入地挖掘問題或事件背後的深層意涵，停止無效（低槓桿）的做法，找出高效（高槓桿）解方，避免局部最適，追求整體最適。

看問題五層次，由上而下分別是問題事件（Problem）、模式／循環（Pattern）、結構環境（Structure）、心智模型（Mental Model）、願景（Vision）或價值（Value），問題分

析整理如表 11，由於書籍版面限制，為了讓讀者更能看清楚看問題五層次的全貌，可於本書最末的附錄一看見整體的表 11；讀者還可以運用附錄二的空白表格，來進行自我檢核。（註：故事案例為確保企業團隊的隱私與機密，經過簡化及改寫，僅供學習理解參考之用）。

表11　B公司產能過低的系統思考：看問題五層次

問題事件 （目標與現況的落差） 語法：「○○○不足」、「○○○持續下降」、「○○○不斷攀升」	產能過低	低槓桿解方： 重複加班、 重做
模式／循環 語法：「當……時，總是……，造成……」、「一直以來，總是……，造成……」	嚴重程度： ① 過去二年，10台生產設備總會有3台停機，造成稼動率無法達到標準。 ② 過去一年，加班時數已遠超過管理標準。 不良的慣性行為（或流程）： ③ 當設備更換產品線時，總是要花費30分鐘以上。 ④ 當設備故障發生時，總是沒有在3分鐘內回報主管。 ⑤ 當設備故障時，總是無法在30分鐘內判別故障原因。 ⑥ 當決定要自行修復設備時，卻總是缺乏完整備品。	

表11 B公司產能過低的系統思考：看問題五層次（續）

問題事件 （目標與現況的落差） 語法：「○○○不足」、「○○○持續下降」、「○○○不斷攀升」	產能過低	低槓桿解方： 重複加班、重做
	⑦ 生產過程中，值班主管總是沒有登錄生產資訊，無法真正掌握生產時間。 ⑧ 生產過程中，作業員總是可以隨意離開工作站，時常造成停機。 ⑨ 生產過程中，雖然有ISO規範文件，但幾乎沒有執行設備保養。	顛覆結構環境的高槓桿解方： ① 建立完整的工作流程，建立相應的敏捷職能架構等管理措施。 ② 組建精實生產的執行團隊，嚴格訓練與落實績效管理政策。
結構環境 內部：政策、組織、流程、規範、文化 外部：政治、經濟、社會、科技、環境、法律及產業競爭	外部結構環境： ① 在法律面，基於法定工時要求，無法超時生產。 ② 在社會面，國人對於這個製造產業興趣缺缺，加上科技大廠磁吸人才，難以招募更多員工或人才。	

表11 B公司產能過低的系統思考：看問題五層次（續）

問題事件 （目標與現況的落差） 語法：「○○○不足」、「○○○持續下降」、「○○○不斷攀升」	產能過低		低槓桿解方： 重複加班、 重做
	內部結構環境： ③ 在流程面，沒有故障處理、解決問題的方法論及流程。沒有設備稼動管理標準。沒有職能訓練方案。 ④ 在規範方面，關於設備保養、備品、績效考核等生產管理，都沒有明確的標準規範。 ⑤ 在組織方面，生產線只編制一名設備維修人員。		③ 升級或創新產品服務，提高獲利，改善薪資條件，以吸引人才。 ④ 提倡企業（或產業）的美好未來願景，吸引人才。
心智模型 （一種基本假定） 語法：「一定要……，才能……」、「只要……，就可以……」	舊的心智模型 造局者（生產主管）：只要加班，就能有產能（產能是靠加班來的）	新的心智模型 造局者（生產主管）：一定要開始管理，才能突破（產能是靠管理來的）	運用新的心智模型，將轉化為高槓桿解方

表11　B公司產能過低的系統思考：看問題五層次（續）

問題事件 （目標與現況的落差） 語法：「○○○不足」、「○○○持續下降」、「○○○不斷攀升」	產能過低		低槓桿解方： 重複加班、 重做
價值判斷 （意義的或道德的） 價值判斷語法： 「……為優先」 願景語法： 「成為……」、 「贏得……」	**舊的價值判斷** 造局者及管理團隊長期消極地漠視與迴避問題，缺乏意義或道德上的堅持信念。	**新的價值判斷或願景** 成為客戶信賴的關鍵夥伴。	

　　B公司在未進行系統思考前，面對產能不足，只能以不斷重複地加班重做（低槓桿、低效果）處理問題，表面上的因應不代表真正解決問題，畢竟羅馬不是一天造成的，B公司的產能問題以及背後的惡性循環模式，都是結構環境造成的現象，結構環境造成管理問題的型態，可以簡單地分為三類：

圖22 看問題五層次

系統思考 看問題 五層次

×1	問題事件，目標與現況的落差 event / problem 語法：「OOO不足」、「OOO持續下降」、「OOO不斷攀升」	產能過低	
×N	模式(週期循環) pattern 語法：「當…時」、「一直以來是…」、「造成…」	主動辭職 被動離職 漸漸遲遲	嚴重程度（×N） 1.過去二年，10台生產設備增為有3台停機，造成稼動率無法… 2.過去去一年，加班時數已達超過管理標準。 配性循環 1.當故障更換產品器材時，總是要花費30分鐘以上時間。 2.當故障故障發生時，總是投有在3分鐘內回報主管。 3.當故障故障發生時，總是無法在30分鐘內判別故障原因。 4.當改更員行後變故障發生時，卻總是缺乏完整備品。 5.正本維修程中，但所主管總是投有指派維生資訊，無法其… 6.生產過程中，作業員總是可以隨意離開工作崗，時常造成… 7.生產過程中，總然有ISO規範文件，但鮮少有執行政徹保養。
×N	結構環境 structure 內部：政策、組織、流程、現實、文化 外部：政治、社會、科技、環境、法律及產業競爭等	<外部> 法律： 1.基於法定工時要求，無法超時生產。 社會： 2.因人對於鄰近地區產業嚴缺乏，加上科技大幅崛起人才，難以招募更多員工或人才。	<內部> 流程： 1.投有故故建置，解決問題的方法論及流程 2.投有改善故能的管理標準。 3.投有提升故能的解決方案。 組織：生產線只編制一名故借維修人員。
	心智模型 一種基本假定 mental model 語法：「一定要…」、「才能…」、「只要…就可以…」、「…就是…」、「數是…」、「一定會…」	舊 Mental model **只要加班，就能有產能** (產能是靠加班加來的)	新 Mental Model **一定要開始管理，才能突破** (產能是靠管理來的)
	價值判斷 value 語法：「以…為優先」、「以…為重」、「成為…」、「贏在…」	舊 Value 造局者及管理團隊長期消極他淡視退避問題，缺乏意義或道德上的堅持信念。	新 Vision 顧客後 成為客戶信賴的關鍵夥件。

高槓桿解決方議
(順理結構環境)

①如何建立完善的工作流程、建立相應的數位槓桿能架構等管理措施？
②如何組織精實生產的執行團隊、嚴格訓練與業務績效管理政策？
③如何升級或創新產品服務、提高產權利、或客戶推薦條件、以吸引人才？
④如何推進企業（成產企業）美好未來願景、吸引人才？

第一，**主動鼓勵**，指造局者（企業主或主管）刻意透過設定策略目標，設計組織流程規範，鼓勵員工表現特定行為以達成目標。

第二，**被動誘發**，指造局者（企業主或主管）當時因為種種原因，做出決策時的思考不周造成的副作用，目前的問題現象是意料之外。

第三，**漠視迴避**，事實上造局者（企業主或主管）對問題的根源心知肚明，但遲遲不願面對、不解決，抱持著以後再說的心態。

B公司之所以在結構環境面向有這麼多問題，是因為生產主管（造局者）長期漠視迴避問題，以為「只要加班，就能有產能」。管理團隊在分析過後，意識到心態想法必須改變成「一定要開始管理，才能突破」，否則問題無法解決。

比較前後兩種心智模式，舊的「只要加班，就能有產能」，換句話說就是「產能是靠加班來的」，新的「一定要開始管理，才能突破」，意思是指「產能是靠管理來的」。

開心的是，B公司的管理團隊運用嚴謹的思考歷程，終於找到長期解決產能不足的高效方案。

　　所以，試問到底該如何提升品質？品質是檢驗出來、生產出來，還是設計出來的呢？複雜的問題通常沒有簡單的答案，如果有，建議各位讀者開始懷疑那是直覺式的反應，應該有更好的答案或做法。

16

案例3：改變真的好難！
——善用慣性行為觸發因素分析矩陣

　　這次我們談的不是單一個案，而是一種群像，一種現象：人們看似有目標，卻遲遲無法成為他們心目中理想的那種人。坊間有許多關於如何自我突破、實現理想，或啟發人們奮發向上的書籍或觀點，猶如心靈雞湯，說實話，不能說沒有用，但負責地說，效果非常非常有限。根據我陪伴團隊領袖成長的實務中歸納，先避開必定導致失敗的地雷，再進行有目標、有計畫、有紀律的精進訓練，遠比一路盲目地精神喊話、道德勸說還有效。

一、問題或主題

如何戒除（養成）……心態或行為，讓我成為（達成／獲得）……？

二、容易出現的直覺式判斷

以下都是失敗的自我改變目標，皆為虛構人物。

Aaron：我希望改掉在時間規劃後還是不能達成目標的習慣，希望能在一年內提升各項績效指標。

Bruce：我希望能建立時間管理的好習慣，讓我在半年內成為能定期達成目標成果的主管。

Clement：我希望改掉總是根據經驗做判斷、不喜歡分析管理的壞習慣，在六個月內成為能依計畫完成任務，達成績效目標的主管。

David：我希望在遇到店務以外的任務時，戒除
「這不是我的工作」的負面心態，一年內在公司內
獲選為傑出主管。

Eden：我希望改掉「反正還有時間，明天再做」的
心態，讓我在半年內得到直屬主管的肯定。

三、挑選並運用思考框架，好好思考

失敗的自我突破可以歸納出「三不一沒有」，只要符合
其中一種狀態條件，失敗的機率便大增：

第一，**不**認為自己需要改變或突破，心智模型無非是
「我現在是人生的顛峰，而我可以保持在顛峰」、「要改變
（錯）的是他們，我沒有問題」、「生活（世界）不會有意
料之外，一切已經夠用了」、「我的資質有限，不可能再改
變」。

第二，**不**理解或**不**接受自己的不良慣性對自己的影
響，其實遠遠超乎想像。

第三，雖然意識到自身思維或行為上的不良問題，但**不**知道該如何有效地進行改變。

最後，來來回回試了很多次，每一次都只有三分鐘熱度、虎頭蛇尾，一直以來只是人云亦云，不知道自己要追求什麼目標意義，每一次的宣示或行動計畫都是配合演出（例如應付課堂或工作的需要），根本**沒有**真心想改變。

透過調整思維、改變行為來達成目標，雖然看似簡單，但實踐的細節才是關鍵。例如，應該有很多讀者或身邊朋友有減重的需要，大多數人都很熟悉「少吃多動」的原則，卻還是有許多人承受肥胖之苦，原因在於「少吃多動」是原則，而非具體作為，失敗的減重個案，甚至是失敗的職場精進計畫，當事人並不是不知道原則道理，而是受以上「三不一沒有」所累，整理如表12。

表12　失敗者的「三不一沒有」

	改變目標	思考盲點	三不一沒有
Aaron	我希望改掉在時間規劃後還是不能達成目標的習慣，希望能在一年內提升各項績效指標。	「時間規劃後還是不能達成目標的習慣」是不良習慣的結果現象，Aaron無法精準地理解與分析自身行為以及帶來的負面影響，事後發現「遇到困難就妥協」才是真正的心魔。	• 不理解或不接受自己的不良慣性對自己的影響
Bruce	我希望能建立時間管理的好習慣，讓我在半年內成為能定期達成目標成果的主管。	Bruce以時間管理為改變目標，經過一對一討論釐清後，發現Bruce一直迴避手機成癮對自己造成的嚴重影響，沒有真心想面對這個議題，直覺的推論階梯刻意繞過手機成癮問題，企圖以時間管理來掩蓋。	• 不理解或不接受自己的不良慣性對自己的影響 • 沒有真心想改變
Clement	我希望改掉總是根據經驗做判斷。不喜歡分析管理的壞習慣，在六個月內成為能依計畫完成任務，達成績效目標的主管。	Clement雖然表達了自己的不足與過失，但無法精準地描述自己的不良慣性以及所造成的後果，加上無法說明具體的成果指標，僅以射箭畫靶的「依計畫完成任務」為目標成果，缺乏目標認知意識。	• 不認為自己需要改變 • 不理解或不接受自己的不良慣性對自己的影響

表12 失敗者的「三不一沒有」(續)

	改變目標	思考盲點	三不一沒有
David	我希望在遇到店務以外的任務時，戒除「這不是我的工作」的負面心態，一年內在公司內獲選為傑出主管。	David誤將與主管之間的意見相左(加入店務以外的任務)作為改變目標，無法分辨「化解矛盾」與「自我精進」的差異，行動方案模糊籠統、改變行動多為生活日常，與一開始的改變目標完全無關，經過一對一討論後，推論David習慣盲目服從公司給予的目標，但卻「不知所以然」，也許有執行能力，但嚴重缺乏管理思維。	• 不認為自己需要改變 • 沒有真心想改變
Eden	我希望改掉「反正還有時間，明天再做」的心態，讓我在半年內得到直屬主管的肯定。	Eden雖然能描述自己的目標，但改變計畫刻意忽略自律與自我要求的問題，卻以生活紀律(例如：閱讀、運動等)作為自我精進的實際內容。Eden的思維及行為模式，為典型的迴避現況與自欺欺人，不是品德上的缺失，而是思維邏輯及管理基本原則的錯誤。	• 不知道該如何有效地進行改變

🏋 成功自我精進的四個步驟

　　成功的自我精進有四個步驟，使用兩個有關行為改變的思考框架。這裡分享一個真實的案例：

　　一位資深企業主管為了精進專業能力，選擇攻讀博士班，但工作、家庭、學業嚴重失衡，導致跟學校系所申請休學兩次，若再不完成學業，將導致無法順利畢業。與家人討論後，家人願意支持他盡可能在一年內完成博士論文研究，但其論文進度仍遲遲沒有具體進展。以下是該主管自我分析的過程：

步驟一：明確界定自己的困境，設定明確目標

- 我希望去除「沒畢業沒差」的消極念頭，在一年內完成博士論文。

- 量化成功指標：一篇博士論文。

- 質化（意義上的）成功指標：論文研究成果能出版成書，開設課程分享成果，成為事業成功的跳板。

步驟二：探索自己（思維與行為的）慣性模式，盤點觸發慣性思維與行為的因素

習慣就是長期刺激與反應之間的穩定關係，「觸發因素的刺激—產生行為反應—帶來報酬」，會形成慣性行為循環，如果要打破慣性行為，必須釐清鼓勵與誘發當事人行為的觸發因素，透過意識到衝動，控制住這個衝動，覺察這個衝動即將造成的負面影響，練習做出新的選擇，練習新的行為、新的反應，戒除舊的慣性行為。該主管先列出讓他裹足不前的觸發因素，如表13。

表13　列出自己的慣性觸發因素

	刺激 （慣性觸發因素）	念頭、反應、行動	造成的結果 （或後果）
負面刺激	當想到工作收入會減少	我總是會出現「不完成也沒關係」的念頭	遲遲無法開始寫博士研究論文
	當希望能多陪家人	我總是會出現「不完成也沒關係」的念頭	
	當親友安慰「你一定可以」時	我總是會出現「怕做不到」的念頭	
	當時間一天天流逝	我總是會出現「怕做不到」的念頭	
	當要跨領域做研究的挑戰很大時	我總是會出現「怕做不到」的念頭	
	當客戶來電希望合作時	我總是會想先接下工作（反應）	
正面刺激	當想到可以證明自身能力時	我總是會希望完成博士研究論文	
	當想到可以幫助事業突破時		

　　接下來運用觸發物分析矩陣（圖23），進行比較歸納。當觸發因素出現時，先判斷它是激勵自己、讓自己開心愉悅，還是抑制自己、讓自己感到不喜歡和不開心，接下來的步驟很重要，要根據自己的改變目標，對這些觸發因素做出「需要」還是「不需要」的判斷。

圖 23　慣性行為觸發因素分析矩陣

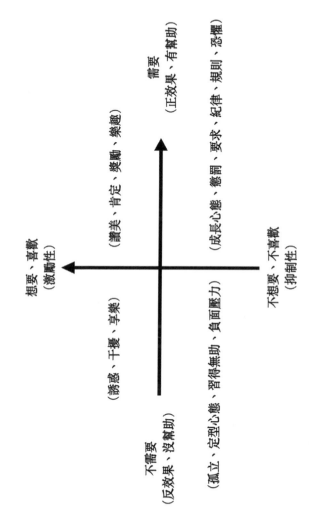

需要
（正效果、有幫助）

想要、喜歡
（激勵性）

（讚美、肯定、獎勵、樂趣）

（成長心態、懲罰、要求、紀律、規則、恐懼）

不喜歡、不想要
（抑制性）

（誘惑、干擾、享樂）

（孤立、定型心態、習得無助、負面壓力）

不需要
（反效果、沒幫助）

一、**激勵性，且對改變目標有幫助**：通常有讚美、肯定、獎勵、帶來樂趣的效果。

　　二、**激勵性，但對改變目標沒有幫助**：有些情況下，甚至會帶來負面效果，像是誘惑、干擾、令人耽於逸樂。

　　三、**抑制性，但對改變目標有幫助**：會帶來懲罰、要求、紀律、規則、成長心態層面的意義。

　　四、**抑制性，且對達成目標沒有幫助**：會造成自我孤立、定型心態、習得無助、負面壓力等影響。

　　該主管用了這個方法，分析歸納自身的慣性行為觸發因素，如圖24。

步驟三：運用思考框架，設計符合自己切身所需的改變計畫

　　美國領導力教練暨作家馬歇爾・葛史密斯（Marshall Goldsmith），分享一個很好的思考框架，可以幫助人們設計周延的改變計畫，將它稱為「改變之輪」（圖25）。

　　改變之輪有兩個維度，一是行為是否需要改變，二是

圖 24 分析自身的慣性行為觸發因素

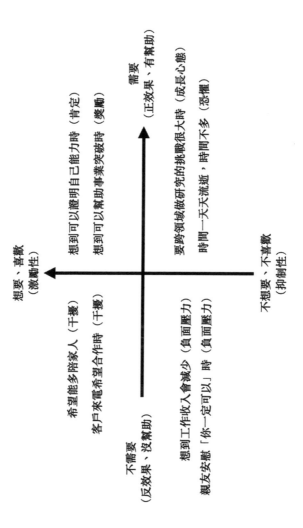

需要
（正效果、有幫助）

想到可以證明自己能力時（肯定）
想到可以幫助事業突破時（獎勵）

要跨領域做研究的挑戰很大時（成長心態）
時間一天天流逝、時間不多（恐懼）

想要、喜歡
（激勵性）

不想要、不喜歡
（抑制性）

希望能多陪家人（干擾）
客戶來電希望合作時（干擾）

想到工作收入會減少（負面壓力）
親友安慰「你一定可以」時（負面壓力）

不需要
（反效果、沒幫助）

該行為對成功目標是否帶來正面的幫助。

當行為對成功沒有幫助，而且必須盡快改變行為，這一類的行動計畫稱為「**去除**」行動，戒除壞習慣、壞念頭，避免為了享樂犧牲了未來。

當行為對成功有幫助，而當事人正是缺乏這個好習慣，就必須積極「**創造**」新的行為模式，形塑全新的自己。

如果經過反思與分析，認為有些行為並不需要改變，

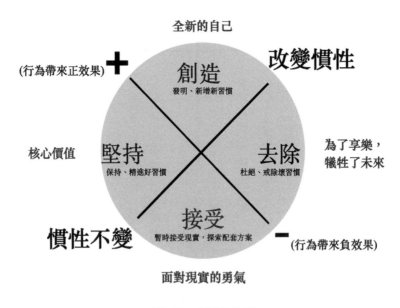

圖25　改變之輪

因為這些行為對成功有幫助，所以應該「**堅持**」下去，保持這些好習慣，彰顯你的價值觀。

然而，有些行為不是短時間內可以改變的（大多數的壞習慣都不容易改變），那就必須學習積極「**接受**」自己的不足與弱點，設計替代方案，避免情況惡化。

這位主管的改變計畫，必須刻意讓自己暴露在有助於成功觸發因素的環境中，他的行動計畫是：

一、創造：要塑造書寫論文的空間環境（書桌張貼所有未來的理想願景，提醒自己堅持目標），並建立每日書寫的儀式紀律。

二、堅持：要堅持自己「選擇做最難的事」原則，研究主題緊扣未來事業與專業，讓研究成果成為事業更上層樓的跳板。

三、去除：跟公司討論暫時戒掉滿足所有客戶的衝動，做好時間規劃，守住重要客戶，其他時間「寫作第一」。

四、接受：接受自己在寫作期間陪伴家人的時間會更少，所以要透過為全家準備早餐、與家人共進早餐且彼此

交流，創造有品質的陪伴與關心。

步驟四：列出每日行動清單，日日執行，時時反省

將以上行動化為一系列的每日行動，並進行自我檢視：

- 我是否盡全力「閱讀文獻並做筆記」？
- 我是否盡全力「撰寫論文」？
- 我是否盡全力「只維持與重要客戶的關係，節制自己的工作狂熱」？
- 我是否盡全力「為家人提供美味早餐」？「與家人產生連結」？

該主管執行計畫的第一個月達成率很不穩定，時好時壞，但他堅持不放棄，經過了八個月，終於發現這些每日行動已經成了日常，做起來輕鬆自在，很順利地在一年內達成目標，完成博士學位，一切回到了正軌，但有一件事情至今仍然持續落實，就是天天為家人準備早餐。

17

案例 4：精準表達，說服全世界
──用 IDEAS 架構組織想法

　　小吳是一位年輕的業務員，因為任務上的需要，必須拜訪客戶，簡報介紹公司的產品服務。每當遇到企業內的高階主管或繁忙的企業主，他總是特別緊張，而只要一緊張，就容易腦袋一片空白，說話出現冗長的贅字、包裝句、口頭禪，預先練習的台詞全拋到九霄雲外。

　　雪上加霜的是，這些企業高層主管因為非常忙碌，經常不斷打斷小吳的話，讓小吳不知道如何反應；或是提出「今天臨時有個重要的會議，七分鐘後需要先離開」，暗指小吳加快步調講重點，完全打亂他預先擬好的提案計畫。

一、問題或主題

如何說服他們。

二、容易出現的直覺式判斷

想到什麼說什麼。

三、挑選並運用思考框架，好好思考

有想法，不代表懂思考。之前提過，溝通事實上是一個「教」與「學」的互動歷程，提案人（小吳）大多數都需要扮演「教」的角色，但麻煩的是對方不想學（沒興趣）或學不會（聽不懂）。

雖然一個人有想法，但沒有運用思考框架組織這些想法時，容易想到什麼說什麼，造成自己雖然說得天花亂墜，對方卻早已「登出」，腦子裡只在想方設法逃離現場。

西方有一種說法稱為elevator pitch，中文稱為「電梯簡報」，意思是想像在電梯裡遇上重要的客戶或主管，心裡一邊感激老天爺的眷顧，一邊希望能盡快說服他，但你只有兩分鐘時間說重點，你會如何組織想法，精準表達，說服他們接受你的提案計畫？

這裡介紹一個組織想法的萬用框架，就像一把萬用的瑞士刀，在生活、工作或野外求生時都能派上用場，稱為IDEAS架構。這裡就用IDEAS架構來示範，介紹到底什麼是IDEAS。

首先是**Issue（主題）**：教你用IDEAS組織想法，說服全世界。

第二是**Definition（定義）**：溝通是一種「教」與「學」的互動歷程，過程當中，教的人傳達訊息、學的人解讀或學習概念和想法，包括雙方之間的互動角色，以及進行溝通時使用的方法、步驟、途徑。當使用IDEAS組織想法時，共有五個要件：

Issue（主題）：指你希望溝通表達的主題（關鍵概念）。

Definition（定義）：你需要為對方（學的人）說明它的定義，以確保他們能理解你想表達的概念。

Example（舉例）：為這些概念或想法，舉出適當的案例故事或創造實際體驗。

Argument（論證）：為了讓對方（學的人）信服，強化說服力，建議提出想法背後的思考框架，提供更多具體的實績證據，以支持你的立場與見解。

Significance（重點結論）：最後的最後，為對方（學的人）畫出少於三個重點，做出結論，這將影響對方接下來的意願或行為。

第三是**Example（舉例）**：我正在讓各位讀者體驗IDEAS架構，這時候就像要為你的產品進行包裝一樣，需要一個好聽或動人的概念與想法，吸引對方的注意力，引起對方的興趣。打個比方，如果要賣水，總不能瓶身只印化學式「H_2O」就希望顧客上門買水，要打上「礦泉水」，消費者才看得懂，如果要強調水源來自深海，充滿礦物質，就可以標上「海洋深層水」以吸引消費者。

第四是**Argument（論證）**，運用思考框架組織想法，提升表達影響力。被譽為美國募資教父的歐倫・克拉夫（Oren Klaff）提出了「STRONG」提案六訣竅，分別是：

Setting the frame（建構框架）

Telling the story（說好故事）

Revealing the intrigue（吊人胃口）

Offering the prize（端出大獎）

Nailing the hook-point（引人上鉤）

Getting the decision（達成交易）

克拉夫多年來運用這些訣竅，創造完美的提案歷程，與許多大型企業達成合作協議，例如波音、迪士尼、本田、德州儀器等等。有更多概念思考的構想有助於組織想法、產生連結、提供意義、引發行動，可以參考前面章節的說明。

第五是 **Significance（重點結論）**，有想法，不代表懂思考，更不代表對方會願意接受你的想法。IDEAS 幫你組織了想法，再依照溝通的對象，適度調整順序或用語，如果你有充裕時間，可以依照 IDEAS 的順序邏輯，鋪陳表達你的理念與見解；但是如果只有兩分鐘的時間可以說服對方，那就先用「IDS」，取得對方的興趣或注意力，當對方有意願了解更多時，再補充「EA」即可。希望以上這些建議能幫得上忙，也祝福各位提案順利！

致謝

　　這本小書絕對不是什麼大學問，卻是我在長年教學及指導團隊領袖的過程中發現，時常被人們忽略的觀念，換言之，搞懂什麼是思考，就像打通學習以及管理的任督二脈。本書的內容絕非我一人能有的智慧，而是長年集眾人之智所累積的知識，我只不過擔任一個整理的角色，「作者」這個稱號，著實讓我感到慚愧且不自在。能用六萬字說明何謂「思考」，我要感謝：

　　某些優質企業的團隊領袖，為了保護你們以及企業利益，不得不為你們隱姓埋名，沒有各位長年的信賴與託付，不會有這些經驗，沒有經驗，就不會有知識理論。

　　謝謝長期一起共榮共好，為共同理想而奮鬥的「影響者聯盟」（Team Development Taskforce）引導教練團隊，其中特別感謝潘信宇（兔子）教練，有了你的指導與陪伴，

厚實了何謂思考背後所有關於哲學思考的論述。

　　謝謝先父以及我的母親，從小到大以身作則，不斷灌輸堅持不放棄的客家「硬頸」精神。

　　謝謝我的另一半，為了完成這本小書，願意犧牲許多次我們一起散步約會的美好時光。

　　謝謝我的孩子們，雖然你們的年紀還看不懂這本書，但爸爸想跟你們說，你們是我不斷成長持續努力精進的動力，沒有媽媽和你們，我的生命不會有意義。

國家圖書館出版品預行編目資料

思考,就像上健身房：認知模型X思考訓練X案例實戰,來場從大腦開啟的
冒險!/吳兆田著. -- 初版. -- 臺北市：商周出版：英屬蓋曼群島商家庭傳媒
股份有限公司城邦分公司發行, 2023.12

面； 公分. -- （新商業周刊叢書；BW0835）

ISBN 978-626-318-927-0（平裝）

1.CST: 思考 2.CST: 思維方法

176.4   112017815

線上版讀者回函卡

新商業周刊叢書 BW0835

思考，就像上健身房
認知模型Ｘ思考訓練Ｘ案例實戰，來場從大腦開啟的冒險！

作　　　者／吳兆田
企 劃 選 書／陳美靜
責 任 編 輯／黃鈺雯
版　　　權／吳亭儀、林易萱、江欣瑜、顏慧儀
行 銷 業 務／周佑潔、林秀津、賴正祐、吳藝佳

總 編 輯／陳美靜
總 經 理／彭之琬
事業群總經理／黃淑貞
發 行 人／何飛鵬
法 律 顧 問／台英國際商務法律事務所　羅明通律師
出　　　版／商周出版
　　　　　　臺北市中山區民生東路二段 141 號 9 樓
　　　　　　電話：(02) 2500-7008　　傳真：(02) 2500-7759
　　　　　　E-mail：bwp.service@cite.com.tw
發　　　行／英屬蓋曼群島商家庭傳媒股份有限公司　城邦分公司
　　　　　　臺北市 104 民生東路二段 141 號 2 樓
　　　　　　讀者服務專線：0800-020-299　　24 小時傳真服務：(02)2517-0999
　　　　　　讀者服務信箱 E-mail: cs@cite.com.tw
　　　　　　劃撥帳號：19833503　　戶名：英屬蓋曼群島商家庭傳媒股份有限公司城邦分公司
訂 購 服 務／書虫股份有限公司客服專線：(02) 2500-7718；2500-7719
　　　　　　服務時間：週一至週五上午 09:30-12:00；下午 13:30-17:00
　　　　　　24 小時傳真專線：(02) 2500-1990；2500-1991
　　　　　　劃撥帳號：19863813　　戶名：書虫股份有限公司
　　　　　　E-mail: service@readingclub.com.tw
香港發行所／城邦（香港）出版集團有限公司
　　　　　　香港灣仔駱克道 193 號東超商業中心 1 樓
　　　　　　電話：(852)2508-6231　　傳真：(852)2578-9337
　　　　　　Email：hkcite@biznetvigator.com
馬新發行所／城邦 (馬新) 出版集團 【Cite (M) Sdn. Bhd.】
　　　　　　41, Jalan Radin Anum, Bandar Baru Sri Petaling,
　　　　　　57000 Kuala Lumpur, Malaysia
　　　　　　電話：(603) 90563833　　傳真：(603) 90576622　　Email：services@cite.my

封 面 設 計／FE Design・葉馥儀　　內文設計排版／唯翔工作室
印　　　刷／鴻霖印刷傳媒股份有限公司
總 經 銷／聯合發行股份有限公司　　電話：(02) 2917-8022　　傳真：(02) 2911-0053
　　　　　　地址：新北市新店區寶橋路 235 巷 6 弄 6 號 2 樓

■ 2023 年 12 月初版

Printed in Taiwan
城邦讀書花園
www.cite.com.tw

定價：360 元（紙本）/ 250 元（EPUB）
ISBN：978-626-318-927-0（紙本）/ 978-626-318-923-2（EPUB）

附錄一　B 公司產能過低的系統思考：看問題五層次

附錄二　看問題五層次自我檢核表